W0202049

Duden

LEARN ATTACK ENGLISCH

Dudenverlag
Berlin

Quellennachweis
Seite 45: © CORBIS/Royalty-Free

Bibliografische Information der Deutschen Nationalbibliothek

Die Deutsche Nationalbibliothek verzeichnet diese Publikation in der Deutschen Nationalbibliografie; detaillierte bibliografische Daten sind im Internet über http://dnb.d-nb.de abrufbar.

 D C B A
Bibliographisches Institut GmbH, Mecklenburgische Straße 53, 14197 Berlin

Redaktionelle Leitung Anika Donner
Redaktion Dr. Christine Schlitt

Herstellung Ursula Fürst
Layout und Satz Sigrid Hecker, Mannheim
Umschlaggestaltung SIRUP GmbH & Co. KG, Berlin
Druck und Bindung Mohn Media, Mohndruck GmbH, Carl-Bertelsmann-Straße 161 M, 33311 Gütersloh
Printed in Germany

ISBN 978-3-411-77001-4
Auch als E-Book erhältlich unter: ISBN 978-3-411-91012-0
www.duden.de

Inhalt

Vorwort

Liebe Schülerin, lieber Schüler,

dieses Buch aus der LEARN ATTACK-Reihe unterstützt dich optimal während der gesamten Oberstufe, aber auch gezielt bei der Abiturvorbereitung im Fach Englisch. Du findest alle relevanten Themen der Sekundarstufe II verständlich erklärt und auf das Wesentliche konzentriert:

- Gedichtinterpretation
- Interpretation einer Dramenszene
- Interpretation eines epischen Textes
- Sachtextanalyse
- Analyse von Bildern und Cartoons
- *Creative Writing*
- *Argumentative Essay*
- Übersetzung
- *Mediation*
- *Listening Comprehension*

Anhand von Beispielaufgaben wird dir schrittweise und somit nachvollziehbar der zentrale Stoff der Oberstufe erklärt. Zu jedem Bereich gibt es einzelne Aufgaben, mit denen du selbstständig arbeiten und zuvor Gelerntes einüben kannst.
Die ausführlichen Lösungen zu den einzelnen Aufgaben findest du am Ende des Buches.

Viel Erfolg!

Erschließen eines literarischen Textes

Gedichtinterpretation

1 Aufgabenstellung erfassen

- Analyseschwerpunkte
- Operatoren

2 Inhalt erfassen

- Thema und Titel
- Gedankengang
- Sprecher und Adressat
- Motive und Stoffe

3 Aufbau erfassen

- Visuelle Signale
- Bauform

4 Klangliche Gestaltungsmittel untersuchen

- Versmaß
- Reime und Kadenzen
- Klangfiguren und Klangbild

5 Sprachliche Gestaltungsmittel untersuchen

- Satzbau und Versbau
- Wortwahl
- Sprachbilder

6 Gliederung und Verfassen deines Aufsatzes

- Einleitung
- Hauptteil
- Schluss

MATERIAL

William Shakespeare (1564–1616)

Sonnet 18

Shall I compare thee to a summer's day?
Thou art more lovely and more temperate.
Rough winds do shake the darling buds of May,
And summer's lease hath all too short a date.

Sometime too hot the eye of heaven shines,
And often is his gold complexion dimm'd
And every fair from fair sometimes declines,
By chance, or nature's changing course, untrimm'd;

But thy eternal summer shall not fade,
Nor lose possession of that fair thou owest,
Nor shall Death brag thou wander'st in his shade,
When in eternal lines to time thou growest
So long as man can breathe or eyes can see,
So long lives this, and this gives life to thee.

1 Aufgabenstellung erfassen

Analyseschwerpunkte

Die Interpretation von Gedichten *(poems)* oder Liedern *(songs)* setzt immer an einem Beispieltext an, den du analysieren und interpretieren sollst. Meist werden dir anhand von Leitfragen oder Teilaufgaben konkrete Anhaltspunkte für die Analyse vorgegeben. Du musst also nicht bei jeder Interpretation jeden Analyseschritt abarbeiten. Notiere dir die Aspekte, die in der Aufgabe gefordert werden, bzw. für den Text relevante Aspekte.

Operatoren

Im Arbeitsauftrag weisen dich bestimmte Operatoren darauf hin, was von dir verlangt wird. Bestimme, was die Operatoren bedeuten, und überlege, was genau analysiert werden soll.

Operatoren für das Textverständnis	Bedeutung
Describe ...	einen Vorgang schrittweise beschreiben oder einen Gegenstand möglichst präzise und strukturiert darstellen
Outline ...	einen Sachverhalt oder eine Meinung auf das Wesentliche reduziert darstellen
State ...	im Text vertretene Sachverhalte oder Meinungen oder Entwicklungen klar definieren

Point out …	zentrale Sachverhalte, Themen oder Aussagen herausfiltern sowie erläutern
Present …	Informationen des Textes unter einem bestimmten Aspekt zusammenstellen
Summarize / Sum up …	die wichtigsten Punkte einer Fragestellung darstellen
Locate …	Einordnung einer Textpassage in den Gesamtzusammenhang; ggf. ist es sinnvoll, zu benennen, um welchen Teil des Textes es sich handelt, z. B. ***introduction, climax, denouement***

Operatoren für die Analyse	**Bedeutung**
Analyse / Examine …	bestimmte Aspekte oder Merkmale des Textes ausführlich und unter Verwendung der Fachsprache beschreiben und ihre Funktion in Hinblick auf die Textintention erläutern
Characterize …	Art und Weise der Figurendarstellung in einem Text beschreiben und untersuchen
Classify / Categorize …	Textbestandteile aufgrund gemeinsamer Merkmale zu Gruppen zusammenfassen
Explain …	einen Sachverhalt und den Sachzusammenhang (z. B. Gesetzmäßigkeiten, Ursachen) genau erläutern
Illustrate …	mithilfe von Beispielen einen Sachverhalt veranschaulichen
Interpret …	die Bedeutung eines Textes oder Textteils feststellen und nachvollziehbar begründen
Compare …	Übereinstimmungen und Unterschiede zwischen Bestandteilen eines Textes am Text nachweisen

2 Inhalt erfassen

Thema und Titel

Gedichte und Lieder sind thematisch nicht festgelegt: Alltägliche Themen können ebenso behandelt werden wie gesellschaftskritische. Sie spiegeln häufig die persönliche Sichtweise des Sprechers, des lyrischen Ichs *(lyrical I / speaker)*, wider. Sie thematisieren innere Vorgänge: bewegende Eindrücke oder Erfahrungen, tiefe Gefühle, gedankliche Reflexionen.

Bestimme, welches **Thema** das Gedicht behandelt (z. B. Liebe, Natur, Tod, Politik usw.), und prüfe, wie die Inhalte gestaltet werden. Geht es um Erlebnisse oder Empfindungen, die anschaulich und gegenständlich dargestellt werden **(bildhafte Lyrik)**, oder werden weltanschauliche Themen oder theoretische Fragen behandelt **(Gedankenlyrik)?**

Prüfe, in welchem Verhältnis **Titel** und Text zueinander stehen. Weist der Titel auf wichtige Elemente des Inhalts wie Hauptpersonen, einen Ort oder eine Zeit hin? Wird ein Thema oder Anlass angegeben? Achte darauf, dass Titel auch ironisch und irreführend sein können.

Gedankengang

Untersuche anschließend den **gedanklichen Aufbau** des Gedichts.

- Erscheinen Gedanken, Empfindungen, Wahrnehmungen aneinandergereiht, z. B. in **chronologischer Folge** (linearer Aufbau),
- stehen sie sich als **Gegensätze** gegenüber (antithetischer Aufbau) oder
- laufen die Teile auf eine Forderung, ein **Urteil** oder **Fazit** hinaus (argumentativer Aufbau)?

Gedankenfiguren *(sense devices)* sind rhetorische Mittel *(stylistic devices)*, die auf der Bedeutungsebene (Semantik) wirken. Benenne die Gedankenfiguren in dem Gedicht und prüfe die Wirkung, die sie für die Textaussage haben. Verstärken sie die Anschaulichkeit? Heben sie wesentliche Aussagen hervor? Unterstützen sie die Bildhaftigkeit? Stellen sie eine Beziehung zwischen Gedicht und Leser her?

Gedankenfigur	Beschreibung	Beispiel
allusion (Anspielung)	Anspielung auf ein Ereignis oder eine Textquelle, z. B. die Bibel	*The headline "Fried Gene Tomatoes" is an allusion to the film titled "Fried Green Tomatoes".*
ambiguity (Mehrdeutigkeit)	Mehrdeutigkeit von Wörtern oder Sachverhalten, oft mit komischem Effekt	*"The sauce is too hot!" could mean that it is either too strongly heated or very spicy.*
anticlimax (Antiklimax)	Übergang vom Wichtigeren zum weniger Wichtigen. Eine Antiklimax kann einen komischen Effekt erzielen.	*This gives you an idea of his love of God, freedom, justice and sports cars.*
antithesis / contrast (Antithese)	Gegenüberstellung zweier widersprüchlicher Begriffe, um die Aussage zu betonen	*Human life is everywhere a state in which much is to be endured, and little to be enjoyed.*
climax (Klimax)	Steigerung des Ausdrucks vom weniger Wichtigen zum Wichtigeren, um einen Sachverhalt hervorzuheben	*Some books are to be tasted, others to be swallowed, and some to be chewed and digested.*
hyperbole (Hyperbel)	offensichtliche Übertreibung, um die Bedeutung der Aussage bzw. des Sachverhalts zu betonen	*There are a thousand reasons why more research is needed on solar energy.*
irony (Ironie)	Ausdruck, der das Gegenteil des Gesagten meint, zum Zweck der Enthüllung oder Verspottung	*For Brutus is an honourable man.* (William Shakespeare, *Julius Caesar*)
oxymoron (Oxymoron)	Kopplung zweier widersprüchlicher Begriffe	*He arrived in slow haste. This was chaos organized.*
rhetorical question (rhetorische Frage)	unechte Frage zur Hervorhebung einer Tatsache	*Don't we all love peace and hate war?*

Sprecher und Adressat

Verdeutliche dir die Perspektive und analysiere, um welchen Typ von Sprecher es sich handelt.

- Gibt es ein **lyrisches Ich?** Wie viele Sprecher sind es? Wird ein fiktives Du angesprochen?
- Hat der Sprecher Merkmale und **Eigenschaften** (Geschlecht, Alter, Beziehungen)?
- Aus welcher **räumlichen Perspektive** betrachtet er seinen Gegenstand (z. B. Ferne, Nähe)?
- Aus welcher **zeitlichen Perspektive** betrachtet er sein Thema (z. B. Erinnerung an die Vergangenheit)?

WISSEN **Das lyrische Ich**

Das lyrische Ich *(lyrical I / speaker)* im Gedicht ist ein sichtbarer oder unsichtbarer Sprecher, der seine Gedanken, Erlebnisse, Gefühle und Eindrücke schildert. Es handelt sich dabei nicht um den Autor, den Dichter, sondern um eine fiktive Figur, in die der Verfasser zwar seine persönlichen Erfahrungen und Einschätzungen einfließen lässt, die aber keinesfalls mit ihm identisch ist.

Motive und Stoffe

Prüfe, welche Motive oder Stoffe in dem Gedicht verwendet werden.

- Werden **Situationen und Vorgänge** geschildert (z. B. Wanderung, Liebesleid)?
- Wird in dem Gedicht von **Personen** gesprochen? Welche Eigenschaften und Merkmale haben sie? Sind es Personen aus Mythologie, Geschichte usw.?
- Beschreibe den **Ort**, von dem gesprochen wird (z. B. Wald, Meer).
- Spielt in dem Gedicht die **Zeit** eine Rolle? Steht ein geschichtlicher Zeitpunkt, eine Tages- oder Jahreszeit (Frühlingsanfang, Nacht, Weihnachten, Geburtstag) oder ein Lebensabschnitt (erste Liebe, Alter) im Mittelpunkt?

AUFGABE 1 *What is the theme of Shakespeare's sonnet?*

3 Aufbau erfassen

Visuelle Signale

Die meisten Gedichte weisen Besonderheiten im Schriftbild auf. Sie helfen, bestimmte Effekte zu verstärken oder Aussagen optisch zu unterstreichen. Solche visuellen Signale bedürfen einer besonderen Betrachtung.

WISSEN **Visuelle Signale in Gedichten**

- **Leerzeilen** *(blank lines)* gliedern ein Gedicht in Abschnitte bzw. Strophen.
- **Eingerückte Verszeilen** *(indented lines)* oder **verschiedene Schrifttypen** *(typefaces)* verdeutlichen die inhaltliche Gliederung des Gedichts; bestimmte Zusammenhänge oder Gegensätze können auf diese Weise betont werden.
- Die gleichmäßige **Länge der einzelnen Verszeilen** *(lines)* kann einen geschlossenen und geordneten Eindruck erwecken. Verszeilen, die in ihrer Länge stark voneinander abweichen, wirken demgegenüber unruhig und disharmonisch.

Bauform

Gedichte sind in der Regel in Verse *(lines)* und Strophen *(stanzas)* gleicher oder unterschiedlicher Länge eingeteilt, Lieder haben meistens einen Kehrvers *(refrain)*.
Notiere die Anzahl der Strophen und Verse pro Strophe. Die Strophen lassen sich nach der Anzahl ihrer Zeilen unterscheiden:

- Zweizeiler *(couplet)*
- dreizeilige Strophe *(tercet)*
- vierzeilige Strophe *(quatrain)*
- fünfzeilige Strophe *(quintain)*
- sechszeilige Strophe *(sestet)*
- achtzeilige Strophe *(octave)*

WISSEN **Sonett**

Das Sonett *(sonnet)* ist eine besondere Gedichtform mit strengem formalem Aufbau.
Es besteht aus 14 Zeilen in jambischem Versmaß.

Beim **petrarkischen Sonett** folgen auf zwei vierzeilige Strophen *(octet)* mit dem Reimschema abba/abba zwei dreizeilige Strophen *(sestet)*, die im Reim miteinander verbunden sind: cdc/dcd oder ccd/eed oder cd/cd/cd oder cde/cde. Zwischen den Quartetten und Terzetten findet eine Zäsur statt, die auch einen inhaltlichen Einschnitt oder Kontrast kennzeichnet.

Das **elisabethanische Sonett** besteht häufig aus drei vierzeiligen Strophen und einem Zweizeiler *(three quatrains followed by a couplet)* mit dem Reimschema abab cdcd efef gg.

AUFGABE 2 *How is the theme in Shakespeare's sonnet presented?*

4 Klangliche Gestaltungsmittel untersuchen

Versmaß

Das Metrum *(metre)* ist das Klangmuster, das durch die regelmäßige Abfolge von betonten (x́) und unbetonten (x) Silben entsteht. Eine Einheit betonter und unbetonter Silben *(stressed and unstressed syllables)* nennt man Versfuß *(foot)*.

Notiere zur Bestimmung des Versmaßes oder Metrums den regelmäßigen Wechsel von **betonten Silben (Hebungen)** und **unbetonten Silben (Senkungen)** in einem Schema. Setze für jede Silbe ein „x" und markiere jede betonte Silbe mit einem Akzent auf dem jeweiligen x.

WISSEN **Versfüße**

Steigende Versfüße *(rising metres)*

- Jambus *(iamb or iambic metre)*: eine unbetonte und eine betonte Silbe (xx́)
- Anapäst *(anapaestic metre)*: zwei unbetonte und eine betonte Silbe (xxx́)

Fallende Versfüße *(falling metres)*

- Daktylus *(dactylic metre)*: eine betonte und zwei unbetonte Silben (x́xx)
- Trochäus *(trochaic metre)*: eine betonte und eine unbetonte Silbe (x́x)

Je nach **Anzahl der Versfüße pro Zeilen** unterscheidet man zweifüßig *(dimeter)*, dreifüßig *(trimeter)*, vierfüßig *(tetrameter)*, fünffüßig *(pentameter)*, sechsfüßig *(hexameter)*. Der von Shakespeare oft benutzte reimlose Blankvers *(blank verse)* ist ein fünffüßiger Jambus *(iambic pentameter)*.

Bestimme, welche **Wirkung** ein Metrum oder ein Rhythmus hat, und frage dich bei **Abweichungen vom Metrum** immer nach der möglichen Absicht.

Reime und Kadenzen

Der Reim *(rhyme scheme)* ist das auffälligste Strukturmittel von Gedichten und führt zu Klangwiederholungen, zumeist am Zeilenende. Ein Reim entsteht, wenn zwei oder mehr Wörter vom letzten betonten Vokal an gleich oder ähnlich klingen und unterschiedliche Anlaute haben, z. B. *sun – fun, ever – never.*
Achte auf die Position des Reims und bestimme, ob es sich um **Endreime** (Versende), **Binnenreime** (innerhalb eines Verses) oder **Anfangsreime** (Versanfang) handelt.
Analysiere das **Reimschema** der Strophen, indem du es mithilfe von Kleinbuchstaben darstellst. Gleiche Buchstaben stehen für sich entsprechende Reime.

WISSEN **Häufige Reimschemata**

- **Kreuzreim** *(cross rhyme or alternating rhyme):* abab
- **Paarreim** *(to rhyme in pairs):* aabb
- **umschließender Reim** *(embracing rhyme):* abba
- **Schweifreim** *(tail rhyme):* aabccb

Achte bei der Untersuchung der Reime immer auf die **Funktion,** die sie erfüllen:

- Tragen die Reime zum Klangreichtum bei?
- Heben sie bedeutsame Wörter hervor?
- Gliedern sie das Gedicht, indem sie Verse bzw. Gedanken verknüpfen oder abgrenzen?
- Erzeugt das Verhältnis von Reim und Inhalt eine harmonische Stimmung oder treten die beiden in ein Spannungsverhältnis zueinander?

Klangfiguren und Klangbild

Klangfiguren *(sound devices)* sind rhetorische Figuren *(stylistic devices)*. Benenne die Klangfiguren und untersuche ihre Funktion und Wirkung für die Textaussage. Heben sie wichtige Wörter hervor, gliedern sie den Text, verbinden sie Wörter, Verse oder Strophen oder erzeugen sie Stimmungen durch emotionale Assoziationen?

Klangfigur	Beschreibung	Beispiel
alliteration (Alliteration, Stabreim)	gleicher Anlaut der betonten Silben aufeinanderfolgender Wörter, der eine Aussage rhythmisiert und dadurch betont	*Girls' power leaves lads lagging behind.*
exclamation / interjection (Ausruf / Interjektion)	häufig lautmalerische, kurze Wörter, zumeist um Gefühle (Überraschung, Erstaunen, Freude etc.) auszudrücken	*Ooops!, Yuk!, Cool!*
onomatopoeia (Lautmalerei)	„sprechende Wörter", bei denen der Leser allein anhand des Wortklangs das Bezeichnete assoziiert	*buzz, clatter, cuckoo, hiss, whisper*

Das **Klangbild** eines Gedichts ist für die vorherrschende Stimmung mitverantwortlich:

- Die Häufung dunkler Vokale kann einen Text Trauer oder Hoffnungslosigkeit ausstrahlen lassen.
- Helle Vokale können die Freude oder Leichtigkeit einer Aussage unterstützen.
- Konsonanten wie c, k, t, p erzeugen einen harten Klang.
- Konsonanten wie l, m, n, w, r rufen den Eindruck von Glätte und Sanftheit hervor.

AUFGABE 3 *Give an outline of the structure, the metre and rhyme scheme in Shakespeare's sonnet.*

5 Sprachliche Gestaltungsmittel untersuchen

Satzbau und Versbau

Der Autor eines Gedichts präsentiert seine Aussagen in Sätzen und Verszeilen. Häufig sind Satzglieder oder Sätze in besonderer Weise angeordnet. Untersuche diese Satzfiguren und analysiere, welche Wirkung dadurch erzeugt wird:

- Werden bedeutsame Wörter oder Satzteile besonders klanglich oder rhythmisch hervorgehoben?
- Wird die Aussage mithilfe der Satzfiguren besonders betont oder verstärkt?
- Verzögern sie die Handlung und erzeugen auf diese Weise Spannung?
- Verstärken sie die Sinnlichkeit eines Gedichts?
- Rufen sie eine ironische Wirkung hervor?

Satzfigur	Beschreibung	Beispiel
accumulation (Akkumulation)	Häufung einer Wortart mit dem Ziel, einen Sachverhalt zu veranschaulichen und/oder zu betonen	*The process is wasteful, dangerous, messy and sometimes tragic.*
anaphora (Anapher)	Wortwiederholung zur Hervorhebung am Satz- oder Zeilenanfang	*In every cry of every man,* *in every infant's cry of fear,* *in every voice, in every ban.* (William Blake, *London*)
caesura (Zäsur)	Die Zäsur entsteht, wenn ein Satz mitten in einer Zeile endet. Sie unterbricht den Rhythmus der Zeile.	*Let me not to the marriage of true minds* *Admit impediments. Love is not love [. . .]* (William Shakespeare, *Sonnet 116*)
chiasmus (Chiasmus)	Überkreuzstellung einander entsprechender Satzteile oder Begriffe	*Fair is foul, and foul is fair.* (William Shakespeare, *Macbeth*)
ellipsis (Ellipse)	Auslassung eines Wortes im Satz, ohne den Sinn zu beeinträchtigen; dient häufig dazu, einem Text einen lockeren Ton zu geben.	*"Been to Paris lately?", Paul asked.*

enumeration (Aufzählung)	Aufzählung oder Auflistung	*She enjoyed the warmth, the light and the smells of spring.*
inversion (Inversion)	Veränderte Satzordnung, z. B. durch die Vertauschung von Subjekt, Prädikat und Objekt	*Ten thousand saw I at a glance* (William Wordsworth, *I Wandered Loneley As A Cloud*)
parallelism (Parallelismus)	Wiederholung einer Satzstruktur, um eine Aussage zu rhythmisieren	*Money tickles my fancy, and fame flatters my pride.*
repetition (Wiederholung)	Wiederholung mit dem Zweck, eine Aussage oder einen Sachverhalt zu verdeutlichen und zu betonen	*And that government of the people, by the people, for the people, shall not perish from earth.* (Abraham Lincoln, *The Gettysburg Address*)
run-on line, enjambement (Zeilensprung)	Verzögerter Abschluss eines Satzes in der nächsten Zeile. Der erste Teil des Satzes erzeugt eine Erwartung, die in der nachfolgenden Zeile enttäuscht wird.	*Absentmindedly she went On piling plates in the cupboard.*

Wortwahl

Die Sprache von Gedichten weicht oft von der Normalsprache ab und verwendet ungewöhnliche Wörter oder eine ungewöhnliche Kombination von Wörtern. Das können besonders gehobene oder veraltete Ausdrücke sein, bildhafte Umschreibungen oder eine expressive und emotionale Sprache.

Untersuche die Wortwahl des Gedichts und beachte dabei folgende Aspekte:

- **inhaltliche Aspekte,** d. h. bestimmte Bedeutungsfelder und ihre Beziehung zueinander
- **formale Aspekte,** d. h. das Vorkommen von Substantiven, Adjektiven und Verben: Tauchen an bestimmten Stellen auffällig häufig Substantive, Adjektive oder Verben auf? Sind sie in ihrer herkömmlichen Bedeutung verwendet oder sind sie verfremdet? Gibt es neue Wortbildungen?
- **Wahl der Stilebene,** z. B. Umgangssprache, Dialekt, feierlicher Tonfall, dichterisch überhöhte Sprache, Fachsprache
- **Schlüsselwörter**
- **Stimmungen,** die durch die Wortwahl erzielt werden, z. B. düster, heiter, aggressiv
- **Bewegungen,** die durch Verben hervorgerufen werden, z. B. Dynamik, Aktivität, Starrheit
- **Qualität der Adjektive**, z. B. wertende oder beschreibende/neutrale Adjektive

Achte bei der Analyse der Wortwahl auch auf die **assoziativen Verknüpfungen sinntragender Wörter.** Viele Wörter sind zusätzlich zum klar definierten begrifflichen Inhalt (= Denotat) noch mit einem darüber hinausgehenden Vorstellungsgehalt (= Konnotat) verbunden (z. B. das Wort „Rose“ mit der Vorstellung „Schönheit“ und „Liebe“). Welche von mehreren möglichen Vorstellungen aktiviert wird, legt der Textzusammenhang fest (vgl. die Farbe „Rot“ in einem Liebesgedicht bzw. in einem politischen Gedicht).

Sprachbilder

Sprachliche Bilder *(imagery)* machen literarische Texte vieldeutig und dienen dazu, Aussagen zu veranschaulichen. Sie bringen etwas anderes zum Ausdruck als das, was sie normalerweise bezeichnen.

- Schaue immer dann genauer hin, wenn Ausdrücke auf der wörtlichen Ebene keinen Sinn ergeben. Kläre die abweichende Bedeutung der Wörter im Textzusammenhang und deute sie im Bezug zu dessen Aussage.
- Achte auf Hinweise des Autors, wie bestimmte Sprachbilder zu verstehen sind. Häufig wird das Gemeinte im Titel genannt, manchmal am Anfang oder am Ende des Textes erläutert.

Sprachliches Bild	Beschreibung	Beispiel
euphemism (Euphemismus)	beschönigende Umschreibung mit dem Zweck, einen unangenehmen Sachverhalt oder eine Tatsache bzw. deren Folgen abzumildern	"*to pass away*" anstelle von "*to die*"
metaphor (Metapher)	indirekter bzw. bildhafter Vergleich, der oft anstelle eines ausformulierten Satzes steht und textverkürzend wirkt; beliebtes Stilmittel in Gedichten	*All the world's a stage, and all the men and women merely players.* (William Shakespeare, *As You Like It*)
personification (Personifikation)	Ausstattung einer Idee, einer Sache oder eines Tieres mit menschlichen Eigenschaften, um einen Text lebendiger zu gestalten und evtl. eine Moral zu formulieren, ohne zu sehr zu belehren	*The ship began to creak and protest as it struggled against the rising sea.*
simile (Vergleich)	direkter Vergleich	*My love is like a red, red rose.* (Robert Burns, *A Red, Red Rose*)
symbol (Sinnbild)	Gegenstand oder Vorgang, der stellvertretend für einen anderen (geistigen) Sachverhalt steht und häufig textverkürzend wirkt	"*cross*" als Symbol für das Christentum "*dove*" als Symbol für den Frieden

AUFGABE 4 *Find the stylistic devices Shakespeare uses to present the theme.*

6 Gliederung und Verfassen deines Aufsatzes

Einleitung

Die Einleitung *(introduction)* hat die Funktion, den Leser mit dem Thema vertraut zu machen und ihm die grundlegenden Informationen an die Hand zu geben, die er zum Verständnis der weiteren Darstellung benötigt. Nenne in der Einleitung die **Grundinformationen** zu dem Gedicht wie Autor, Titel, Entstehungszeit und Thema.

Hauptteil

Im Hauptteil untersuchst und diskutierst du – je nach Aufgabenstellung – die verschiedenen Aspekte des Themas in einer angemessenen sprachlichen Darstellung. Achte darauf, deine Darstellung sinnvoll zu gliedern.

WISSEN **Korrekte Darstellung deiner Analyse**

- Bedenke immer, ob deine Beobachtungen **relevant** für die Analyse bzw. die konkrete Fragestellung sind. Beschreibe nicht nur die Textmerkmale, sondern erläutere ihre Wirkung und Bedeutung für die inhaltliche Aussage des Texts.
- Verwende **Fachbegriffe,** wo sie angebracht sind, z. B. bei der Bezeichnung von Stilmitteln. Du musst die Fachbegriffe nicht erklären.
- Textanalysen und Interpretationen werden im *present tense* verfasst, auch wenn die Texte selbst in der Vergangenheitsform stehen.
- Verwende eine **sachliche, unpersönliche Sprache.** Persönliche Wertungen haben hier ebenso wenig Platz wie umgangssprachliche Ausdrücke.
- Begründe deine Deutungen, indem du sie aus der Beschreibung der Textelemente so herleitest, dass der Leser deine Interpretation nachvollziehen kann.
- Belege deine Deutungen mit aussagekräftigen **Zitaten** aus dem zu untersuchenden Text (vgl. S. 43).

WISSEN **Deine Darstellung sinnvoll gliedern**

- Unterteile den Text in **Absätze *(paragraphs)*:** Jeder Aspekt bzw. jedes Argument wird ausgearbeitet und, auch äußerlich sichtbar, durch einen eigenen Absatz eingegrenzt.
- Formuliere ***topical sentences:*** Jeder Absatz, d. h. jeder neue Gedanke einer Argumentation oder Untersuchung, wird durch einen *topical sentence* eingeleitet. Er enthält in der Regel die Hauptaussage des Absatzes. Aus ihm entwickeln sich in logischer Reihenfolge Erläuterungen, Einzelheiten oder auch Einschränkungen der Aussage *(general-to-particular structuring)*.
- Gliedere Abschnitte durch prägnante **Zwischenüberschriften.**
- Betone Aussagen bzw. Argumente durch **Hervorhebungen,** z. B. durch Unterstreichen.
- Ordne Abschnitte ggf. durch eine nummerische Aufzählung (1., 2. ...).

Schluss

Je nach Aufgabenstellung hast du für die Gestaltung des Schlussteils mehrere Möglichkeiten:

- Zusammenfassung der Ergebnisse
- Abwägen der verschiedenen Standpunkte
- abschließende Wertung
- persönliche Stellungnahme
- Ausblick oder Gegenwartsbezug

Erschließen eines literarischen Textes

Interpretation einer Dramenszene

1 Aufgabenstellung erfassen

- Analyseschwerpunkte
- Operatoren

2 Analyse vorbereiten

- Erstes Textverständnis
- Die Szene einordnen

3 Bauform untersuchen

- Dramatische Gattung
- Bauform
- Gesprächsformen

4 Handlung untersuchen

- Äußere und innere Handlung
- Handlungsauslöser und Handlungsschritte

5 Figuren und Figurenkonstellation untersuchen

- Merkmale der Figuren
- Direkte und indirekte Charakterisierung
- Verhältnis der Figuren zueinander

6 Raum und Zeit untersuchen

- Raumgestaltung
- Zeitumstände

7 Gliederung und Verfassen deines Aufsatzes

- Einleitung
- Hauptteil
- Schluss

MATERIAL

William Shakespeare (1564–1616)

Macbeth (Act III, Scene 2)

MACBETH: Be innocent of the knowledge, dearest chuck,
Till thou applaud the deed. Come, seeling Night,
Scarf up the tender eye of pitiful day,
And, with thy bloody and invisible hand,
Cancel, and tear to pieces, that great bond
Which keeps me pale! – light thickens; and the crow
Makes wing to the rooky wood;
Good things of day begin to droop and drowse,
Whiles night's black agents to their preys do rouse.
Thou marvellest at my words: but hold thee still;
Things bad begun make strong themselves by ill.
So, pr'ythee, go with me.

1 Aufgabenstellung erfassen

Analyseschwerpunkte

Die Interpretation dramatischer Texte bezieht sich meist auf einen vorgegebenen Dramenausschnitt. Meist werden dir in der Aufgabenstellung anhand von Leitfragen oder Teilaufgaben konkrete Anhaltspunkte für die Analyse vorgegeben. Notiere dir die Aspekte, die in der Aufgabenstellung gefordert werden, bzw. für den Text relevante Aspekte.

Operatoren

Im Arbeitsauftrag weisen dich Operatoren darauf hin, was von dir verlangt wird (vgl. S. 6 f.). Bestimme, was die Operatoren bedeuten, und überlege, was genau analysiert werden soll.

2 Analyse vorbereiten

Erstes Textverständnis

Verschaffe dir zunächst einen Überblick über den zu interpretierenden Text. Lies ihn dazu gründlich.

- Markiere **unbekannte Wörter,** die du nachschlagen oder erschließen musst (vgl. S. 60).
- Untersuche den Aufbau der Szene und unterteile sie in **Sinnabschnitte.**
- Arbeite die Szene im Hinblick auf die verschiedenen **Analyseaspekte** durch, unterstreiche dabei wichtige Stellen oder **Schlüsselwörter** in dem Textauszug mit verschiedenen Farben.
- Mache dir Notizen und halte **wichtige inhaltliche Kennzeichen** und Schlüsselbegriffe am Rand fest.

Die Szene einordnen

Kläre die **Voraussetzungen** und den **aktuellen Stand der Handlung:**

- Wo setzt der zu behandelnde Textausschnitt ein? Wo findet die Handlung statt und welche Figuren sind daran beteiligt?
- Aktiviere dein **Vorwissen** und deine Kenntnisse aus dem Unterricht zu Epoche, Gattung, Autor, Thema und evtl. Text.
- Überlege, welche **Funktion** die Szene im Dramenverlauf hat. Handelt es sich um eine Schlüsselstelle? Gibt es in dem Ausschnitt Wendepunkte oder Höhepunkte?

AUFGABE 1 *Put the given passage into the context of the drama.*

3 Bauform untersuchen

Dramatische Gattung

Bestimme, welcher Dramentyp vorliegt. Handelt es sich um eine Komödie oder um eine Tragödie? Aktiviere dafür auch dein Vorwissen über das zu untersuchende Drama.

WISSEN **Dramatische Gattungen**

Die **Komödie** ***(comedy)*** ist ein unterhaltsames Schauspiel, das, oft ausgehend von einem scheinbaren Konflikt, menschliche Schwächen entlarvt und zu einem glücklichen Ausgang führt.

Die **Tragödie** ***(tragedy)*** ist ein ernstes Schauspiel, dessen Handlung durch einen tiefen Konflikt ausgelöst wird. Der Konflikt wird entweder von außen an die Hauptfigur *(tragic hero)* herangetragen, die an der Bewältigung des Konflikts scheitert, oder die Hauptfigur begeht unwissentlich einen schicksalhaften Irrtum *(tragic flaw)*, an dessen Folgen sie zerbricht.

Bauform

Dramatische Texte sind in Akte *(acts)* und Szenen *(scenes)* untergliedert, die eine meist in sich abgeschlossene Handlung *(plot)* zu einer Einheit zusammenfassen. Klassische Dramen sind in der Regel in fünf Akte gegliedert.

- Bestimme die Bauform des Dramas: Handelt es sich um ein klassisches, fünfaktiges Drama oder um ein Kurzdrama bzw. einen Einakter *(short play / one-act play)*?
- Handelt es sich um ein fünfaktiges Drama, kläre, aus welchem Akt die Dramenszene stammt. Dies gibt dir Auskunft über die Funktion der Szene innerhalb des Dramas.

WISSEN **Die Funktion der Akte im klassischen Drama**

- **1. Akt** ***(Act 1):*** Die Protagonisten *(protagonists, main characters)* werden vorgestellt und das Geschehen, die Atmosphäre *(atmosphere)* sowie Zeit und Ort der Handlung *(setting)* eingeführt. Diese Exposition *(exposition)* liefert das Fundament für den Aufbau der Handlung und nennt Vorgeschichte und Handlungsziel der Hauptfigur, aus denen sich der dramatische Konflikt entwickelt.
- **2. Akt** ***(Act 2):*** Der Konflikt spitzt sich zu und liefert das handlungsauslösende Moment des Dramas *(point of attack)*. Dies bezeichnet man als steigende Handlung *(rising action)*. Die *rising action* wird auch als Komplikation bezeichnet, da die Hauptfigur auf dem Weg zu ihrem Handlungsziel einige Hindernisse zu bewältigen und Rückschläge zu erleiden hat.

- **3. Akt** ***(Act 3):*** Hier findet sich der Höhepunkt der Ereignisse *(climax/crisis).* Der Höhepunkt leitet unmittelbar den Wendepunkt *(turning point)* der Handlung ein: Die Handlung schlägt um, das Kräfteverhältnis verschiebt sich; in der Tragödie bahnt sich der Untergang der Hauptfigur an.
- **4. Akt** ***(Act 4):*** Der Konflikt wird hinausgezögert; man spricht vom retardierenden Moment, mit dem der Spannungsbogen verlängert wird *(falling action).*
- **5. Akt** ***(Act 5):*** Im Ausgang der Handlung *(outcome of the action)* endet der Konflikt entweder tragisch durch Scheitern oder Tod des Helden oder mit einer Versöhnung, eine gütliche Lösung *(dénouement/solution)* wird erreicht.

WISSEN **Kennzeichen des modernen Dramas**

- Das Drama besteht in der Regel aus zwei oder drei Akten.
- Die Exposition ist nicht auf den ersten Akt festgelegt.
- Dramenanfang und -ende können provokativ, abrupt und offen sein *(abrupt opening/ending).*
- Zeitlich zurückliegende Handlungen werden, ähnlich wie im Film, als Rückblenden *(flashback, retrospection)* auf der Bühne dargestellt.
- Der Zuschauer wird durch direkte Ansprache in das Geschehen verwickelt.

Gesprächsformen

Die Analyse der Dialoge und Monologe bildet die Grundlage für die Untersuchung der Handlungsentwicklung, Figurencharakterisierung und Figurenkonstellation.

- Untersuche die Funktion der **Dialoge** *(dialogues):* Welche unterschiedlichen Interessen und Motive zeigen die Figuren? Wie beurteilen sie die Situation? Wie begründen sie ihre Entscheidungen? Versuchen sie, andere Figuren zu beeinflussen?
- Untersuche bei **Monologen** *(monologues)* oder **Selbstgesprächen** *(soliloquies),* was sie über die innere Entwicklung der Figur aussagen. Stellen sie Reflexionen, innere Zwiespälte und Entscheidungsprozesse dar? Drücken sie Leere und Isoliertheit aus?
- Untersuche beim **Beiseitesprechen** *(aside),* wie die Figur das Geschehen auf der Bühne beurteilt oder was sie ggf. vor den anderen Figuren verbergen will.
- Untersuche beim **Sprecher, Erzähler** *(narrator)* oder **Chor** *(chorus),* wie er vergangenes oder gleichzeitig ablaufendes Geschehen erläutert.

AUFGABE 2 *Explain the structure of Macbeth's monologue and give a short summary.*

4 Handlung untersuchen

Äußere und innere Handlung

In der Figurenrede entfalten sich die Handlung und die Konflikte des Dramas bzw. der Dramenszene. Untersuche zunächst die **äußeren und die inneren Vorgänge.** Beide Handlungen werden durch die Figurenrede vermittelt und stehen in einem Wechselverhältnis zueinander. Analysiere, wie die äußeren Vorgänge das Bewusstsein der Figuren verändern und wie ihr verändertes Bewusstsein den weiteren (äußeren) Handlungsverlauf bestimmt.

WISSEN **Äußere und innere Handlung**

- **Äußere Handlung *(external action)*:** Abfolge direkt wahrnehmbarer Vorgänge, z. B. Intrigen, Machtkämpfe.
- **Innere Handlung *(internal action)*:** geistige, seelische und moralische Entwicklung einer Figur, z. B. *thoughts, feelings, memories, associations etc.*

Handlungsauslöser und Handlungsschritte

Arbeite die Wechselwirkung von Handlung, Handlungsvoraussetzungen und Figurenentwicklung mithilfe der folgenden Aspekte heraus.

- **Handlungsschritte:** Wie verändern die Figuren eine vorhandene, meist konfliktgeladene Situation bzw. wie werden sie Opfer solcher Veränderungen?
- **Handlungsspielraum:** Können die Figuren sich frei entscheiden und den Gang der Handlung bestimmen oder lassen sie das Geschehen passiv über sich ergehen, sind sie in ihren Handlungsspielräumen begrenzt bzw. können sie überhaupt nicht handeln?

Arbeite heraus, durch welchen **Konflikt** die Handlung ausgelöst oder vorangetrieben wird. Unterscheide bei dem handlungsauslösenden Moment *(point of attack)* zwischen

- **äußerem Konflikt,** in dem sich zwei oder mehr Parteien um Macht, Besitz, die Gunst eines Menschen oder Ähnliches streiten, und
- **innerem Konflikt,** in dem sich eine Figur zwischen entgegengesetzten Wünschen, Forderungen, Idealen oder Erwartungen entscheiden muss.

AUFGABE 3 *Locate this extract within Shakespeare's drama and outline its significance.*

5 Figuren und Figurenkonstellation untersuchen

Merkmale der Figuren

Der Autor stattet seine Figuren *(characters)* mit einer bestimmten Anzahl an Merkmalen aus, die die Figuren charakterisieren. Dramenfiguren sind präzise gezeichnet. Ihre Eigenschaften, Ziele, Auffassungen, Wünsche, Ängste und Sehnsüchte ergeben sich aus der Analyse des Dramentexts und vor allem der Figurenrede (vgl. Schritt 4).

WISSEN **Merkmale einer Figur**

- **soziale Merkmale:** Stand, Milieu, Beruf, familiäre Umstände
- **äußere Merkmale:** Aussehen, Größe, Haltung, Gang, Stimme, Kleidung, Gewohnheiten
- **innere Merkmale:** Einstellungen, Eigenschaften, Gemütszustand

Direkte und indirekte Charakterisierung

Erarbeite die Merkmale einer Figur, indem du untersuchst, wie sie direkt oder indirekt charakterisiert wird.

Die **direkte Charakterisierung** *(explicit characterisation)* kann sich auf äußere Erscheinung, Persönlichkeit, Gedanken oder Gefühle der Figuren beziehen:

- Untersuche die **Rollen- und Regieanweisungen,** z. B. *she admires him, there is a touch of the artist about him.*
- Analysiere, wie die Figur **von anderen Figuren** beurteilt oder beschrieben wird, z. B. "*You are a good and faithful husband to her*". Achte darauf, dass Fremddarstellungen verzerrt und subjektiv sein können.

- Untersuche, wie die **Figur sich selbst** durch Kommentare ihres Verhaltens charakterisiert. Äußerungder der Figuren über sich selbst finden sich v. a. im Monolog *(monologue)* oder Selbsgespräch *(soliloquy)*. Achte dabei immer darauf, wie glaubwürdig die Aussagen dieser Figur sind.
- Achte auf **sprechende Namen** *(telling names)*, z. B. *Mr and Mrs Antrobus* (von griech. *ánthropos* „Mensch, Menschheit") in Thornton Wilders *"The Skin of Our Teeth"*.

Bei der **indirekten Charakterisierung** *(implicit characterisation)* werden dem Leser bzw. Zuschauer Informationen gegeben, aus denen er selbst Schlussfolgerungen ziehen muss. Während sich bei der direkten Charakterisierung aus subjektiver Sicht immer die Frage nach der Glaubwürdigkeit des jeweiligen Sprechers stellt, zeigen indirekte Charakterisierungen eher ein objektives Bild.

- Untersuche **die nicht sprachlichen Merkmale** einer Person wie Kleidung und Auftreten sowie die Umgebung (Bühnenausstattung, symbolische Gegenstände) oder die Angaben zu Gestik *(gestures)* und Mimik *(facial expressions)*. Was sagen sie über die Gefühlslage, Reaktionen und (innere bzw. moralische) Einstellungen der Figuren aus?
- Sind Figuren mit **gegensätzlichen Eigenschaften** *(opposites)* einander gegenübergestellt, z. B. Willy Loman und Charley in Arthur Millers *"Death of a Salesman"*?
- Analysiere das **Verhalten der Figur** in verschiedenen Situationen. Inwiefern lässt es Rückschlüsse auf ihre Wesenszüge zu?
- Wiederholen verschiedene Figuren dasselbe **Verhaltensmuster** *(identical reactions)?*
- Welche Hinweise gibt das **sprachliche Verhalten** auf Bildungsstand, Einstellung und seelische Verfassung der Figur? Analysiere Stil, Wortwahl, Satzbau und verwendete Sprachebene.

WISSEN **Informationen der Figurensprache**

- Die **Wortwahl** (vgl. S. 13) informiert über den Bildungsstand einer Figur und die Einschätzung der Gesprächspartner. Achte auf die Verwendung von Fremdwörtern, Schimpfwörtern usw.
- Der **Satzbau und die Satzlänge** (vgl. S. 12) können etwas über den Bildungsstand, aber auch über die momentane psychische Verfassung aussagen (z. B. Ärger, Wut). Der Satzbau kann einfach, verschachtelt, unvollständig usw. sein.
- Die **Satzzeichen** geben Informationen über die Sprechweise und das Sprachtempo (Fragen, Ausrufe, Pausen, Ankündigungen).
- In **bildhaften Ausdrücken** (Metaphern) können die Motive und Ziele des Sprechers verschleiert ausgedrückt werden. Deute die Bilder (siehe S. 14) schlüssig und übertrage sie auf den Textzusammenhang.

Verhältnis der Figuren zueinander

Die Figuren eines Dramas stehen in einem engen persönlichen, sozialen, mentalen und psychologischen Beziehungsgeflecht zueinander *(constellation of characters)*. Man unterscheidet Hauptfiguren *(main characters)*, die im Mittelpunkt des Geschehens stehen und häufig auftreten, sowie Neben- oder Randfiguren *(minor characters)*, die eine untergeordnete Rolle spielen und seltener auftreten.

Arbeite heraus, in welchem Verhältnis die Figuren zueinander stehen. Achte dabei auf die folgenden Aspekte:

- Welche Figuren sind **partnerschaftlich** verbunden? Aufgrund welcher Gemeinsamkeiten?
- Lassen sich Figuren innerhalb einer Gruppe **hierarchisch** ordnen?
- Welche Figuren stehen sich als **Gegner** gegenüber? Aufgrund welcher Interessen?
- Ist die Konstellation **stabil?** Oder ändern sich die Partnerschaften, Gegnerschaften und Machtverhältnisse?

Folgende Elemente der Figurensprache geben Hinweise, welcher Art die Beziehung von Figuren zueinander ist:

- Der **Kommunikationsstil** verdeutlicht etwa in Anreden, Unterbrechungen, Einwürfen usw. die Beziehung der Figuren zueinander. Unterbricht eine Figur die andere? Verwendet sie Höflichkeitsfloskeln?
- Findet eine **symmetrische Kommunikation** statt, bei der die Stellung der Sprecher gleich und gleichberechtigt ist? Oder handelt es sich um eine **komplementäre Kommunikation,** bei der es überlegene und unterlegene Sprecher gibt?
- Prüfe, ob es typische **Gesprächsmuster** gibt, wie z. B. Fragen – Antworten, Vorwerfen – Rechtfertigen.
- Moderne Dramen thematisieren gelegentlich die **Beziehungslosigkeit** der Figuren. In solchen Fällen kommt es zu einem **Fehlen der Kommunikation** *(absence of communication)*. Finden sich Handlungsweisen, die zu einer Störung *(disturbed communication)* oder zum Scheitern der Kommunikation (z. B. *"silence"* oder *"pause"*) führen? Hören sich die Figuren nicht zu *(not listening to)*, reden sie aneinander vorbei *(talking at cross purposes)* oder verschweigen sie ihre wahren Beweggründe *(concealing one's true motives)*?

AUFGABE 4 *What does the monologue reveal about Macbeth's current state and his relationship to his wife? Find stylistic devices to prove your statements.*

6 Raum und Zeit untersuchen

Raumgestaltung

Zur Raumgestaltung zählen Informationen über Requisiten, Bühnenaufbau, Geräusche, Hintergrund, Farben usw.

- Analysiere die Rollen- und Bühnenanweisungen *(stage directions)* sowie die Figurenrede, um Informationen über die Raumgestaltung zu erhalten.
- Achte dabei auf Requisiten, die oft auf der Bühne zu sehen sind, sie können wichtige Hinweise enthalten. Gibt es Einzelheiten der Bühnenausstattung, die symbolische Bedeutung besitzen?

Bestimme, welche **Funktion** der Raum für eine Dramenszene hat. Der Raum kann

- seine **Bewohner charakterisieren** (z. B. karge Einrichtung als Zeichen von Armut),
- die **innere Verfassung** einer Figur spiegeln (z. B. Nacht als Zeichen von Einsamkeit),
- eine Aussage **symbolisch** verdeutlichen (z. B. Unwetter als Ausdruck innerer Konflikte).

Zeitumstände

Bestimme die zeitlichen Bedingungen der Dramenszene im Hinblick auf folgende Punkte:

- In welcher **historischen Zeit** spielt die Handlung? Wie wirken sich historische Ereignisse und Zustände auf die Figuren aus?
- Was sind die **politischen, sozialen** und **weltanschaulichen Hintergründe** des Stücks?
- In welchem **Lebensabschnitt** stehen die Figuren (z. B. erste Liebe, Todesnähe)? Welchen Einfluss haben diese Zeitpunkte auf das Handeln oder Fühlen der Figuren?
- Kommt der **Jahres- bzw. Tageszeit** eine Bedeutung zu?

7 Gliederung und Verfassen deines Aufsatzes

Einleitung

Nenne **Grundinformationen** zu der zu analysierenden Dramenszene wie Autor, Titel, Akt und Auftritt, Entstehungszeit und Thema des Ausschnitts. Schließe relevante Angaben zum Schauplatz, zu den handelnden Figuren und den Handlungsvoraussetzungen an.

Hauptteil

Entscheide, ob sich eine lineare oder eine aspektorientierte Darstellung deiner Untersuchungsergebnisse für die geforderte Analyse anbietet.

- Deute den Text beim **linearen Verfahren** Abschnitt für Abschnitt. Dieses Vorgehen ist sinnvoll, wenn z. B. der Dialogverlauf aufgezeigt werden soll.
- Gliedere den Text beim **aspektorientierten Verfahren** nach den einzelnen Deutungsaspekten. Das ist sinnvoll, wenn in der Aufgabe viele Aspekte angegeben werden. Beziehe dich dabei in jedem Abschnitt auf den gesamten Textausschnitt.

Wähle eine angemessene **sprachliche Darstellung** deiner Ergebnisse (vgl. S. 15), **gliedere** deinen Aufsatz sinnvoll (vgl. S. 15), belege deine Aussagen mit **Zitaten** (siehe S. 43) und achte auf die richtige indirekte Redewiedergabe.

WISSEN **Indirekte Redewiedergabe**

Mithilfe der indirekten Redewiedergabe *(reported speech)* verdeutlichst du, dass Aussagen von einer Figur oder dem Autor des Texts stammen und nicht deine eigenen Ansichten sind. Achte dabei auf die Redeeinleitung.

- Das **einleitende Verb** steht bei der Wiedergabe von Figurenrede in der Regel im *simple present*, z. B. *"I love you" – He tells her that he loves her.*
- **Fragen:** Fragen werden durch ein Fragewort oder *if* bzw. *whether* eingeleitet, z. B. *"Are you happy?" (direct speech) – He asks her if she is happy (reported speech).*
- **Anweisungen, Bitten, Ratschläge:** Die Redeabsicht wird mit dem einleitenden Verb ausgedrückt, die Tätigkeit im Infinitiv, z. B. *"Please, leave!" – He asks her to leave.*

Schluss

Fasse deine Ergebnisse zusammen und formuliere, welche **Bedeutung** der Textausschnitt für die Wirkung und Aussage des Dramas hat.

INTERPRETATION EINES EPISCHEN TEXTES

Erschließen eines literarischen Textes

Interpretation eines epischen Textes

1 Aufgabenstellung erfassen

- Analyseschwerpunkte
- Operatoren

2 Analyse vorbereiten

- Lektüre und inhaltlicher Überblick
- Erstes Textverständnis

3 Textart und Textstil bestimmen

- Epische Form
- Textstil

4 Schauplatz und Atmosphäre untersuchen

- Funktion des Schauplatzes
- Symbolische Bedeutung

5 Erzählerfigur analysieren

- Erzählperspektive
- Erzählerische Mittel

6 Figuren und Figurenkonstellation untersuchen

- Figurencharakteristik
- Figurenkonstellation

7 Handlung und Spannungsaufbau untersuchen

- Handlungsschritte
- Äußere und innere Handlung
- Anordnung der Ereignisse
- Spannungsaufbau

8 Zeitgestaltung untersuchen

- Zeitliche Bedingungen
- Zeitebenen und Zeitstruktur

9 Gliederung und Verfassen deines Aufsatzes

- Einleitung
- Hauptteil
- Schluss

MATERIAL

Robert T. Kurosaka

A Lot to Learn

The Materializer was completed.

Ned Quinn stood back, wiped his hands, and admired the huge bank of dials, lights and switches. Several years and many fortunes had gone into his project. Finally it was ready. Ned placed the metal skullcap on his head and plugged the wires into the control panel. He turned the switch to ON and spoke: "Ten-dollar bill."

There was a whirring sound. In the Receiver a piece of paper appeared. Ned inspected it. Real.

"Martini," he said.

A whirring sound. A puddle formed in the Receiver. Ned cursed silently. He had a lot to learn.

"A bottle of Schlitz," he said.

The whirring sound was followed by the appearance of the familiar brown bottle.

Ned tasted the contents and grinned.

Chuckling, he experimented further.

Ned enlarged the Receiver and prepared for his greatest experiment. With unlimited wealth, his next desire arose naturally from the lecherous D. O. M. deep within all of us. He switched on the Materializer, took a deep breath and said, "Girl."

The whirring sound swelled and faded. In the Receiver stood a lovely girl. She was naked. Ned had not specified clothing.

She had freckles, braces and pigtails. She was eight years old.

"Hell," said Ned Quinn.

Whirrr

The firemen found two charred skeletons in the smoldering rubble.

Annotations: **Schlitz:** American brand of beer; **D. O. M.:** dirty old man

1 Aufgabenstellung erfassen

Analyseschwerpunkte

Die Interpretation erzählerischer Texte bezieht sich meist auf einen vorgegebenen Text bzw. Textausschnitt.

- Meist werden dir in der Aufgabenstellung anhand von Leitfragen oder Teilaufgaben konkrete Anhaltspunkte für die Analyse vorgegeben. So sollst du bei einer solchen **aspektorientierten Aufgabenstellung** z. B. die Charakteristika einer Figur oder besondere sprachliche Merkmale herausarbeiten. Notiere dir die Aspekte, die in der Aufgabenstellung gefordert werden, bzw. für den Text relevante Aspekte.
- An diese Analyse knüpft sich häufig eine **weiterführende Fragestellung** an, die den Text in einen weiteren Zusammenhang stellt, z. B. soll eine Kurzgeschichte auf die besondere Motivik untersucht werden oder der Text enthält eine Kernaussauge, die diskutiert werden soll.

Operatoren

Im Arbeitsauftrag weisen dich Operatoren darauf hin, was von dir verlangt wird (vgl. S. 6 f.). Bestimme, was die Operatoren bedeuten, und überlege, was genau analysiert werden soll. Du musst nicht bei jeder Aufgabe jeden Analyseschritt abarbeiten. Konzentriere dich auf die Aspekte, die in der Arbeitsanweisung gefordert werden, bzw. auf für den Text relevante Aspekte.

2 Analyse vorbereiten

Lektüre und inhaltlicher Überblick

Lies den gesamten Text inklusive der **Überschrift** und ggf. der **Anmerkungen** ein erstes Mal aufmerksam durch. Dabei verschaffst du dir einen ersten groben Überblick über den Text: Worum geht es thematisch? Was sind die Kernaussagen?

Erstes Textverständnis

Lies den Text ein zweites Mal durch und verschaffe dir einen Überblick über den zu interpretierenden Text bzw. Textausschnitt sowie über unbekannte Wörter. Markierungen, die du während des Lesens machst, helfen dir später, Wichtiges wiederzufinden.

- Schlage **unbekannte Wörter,** nach bzw. erschließe sie (vgl. S. 60).
- Markiere die **Kernbegriffe.** Wenn du mehrere Zeilen kennzeichnen willst, mache eine zusammenfassende **Randnotiz.**
- Untersuche den Aufbau des Textes bzw. Textausschnitts und ermittle **Sinnabschnitte.**
- Arbeite den Text im Hinblick auf die verschiedenen **Analyseaspekte** durch, unterstreiche wichtige Stellen oder **Schlüsselwörter** in dem Textauszug mit verschiedenen Farben.
- Mache dir Notizen und halte **wichtige inhaltliche Kennzeichen** und Schlüsselbegriffe am Rand fest.

3 Textart und Textstil bestimmen

Epische Form

Bestimme, welche epische Form bei dem Textausschnitt vorliegt. Oftmals gibt dir die Aufgabenstellung schon einen Hinweis. Rufe dir die charakteristischen Merkmale und Aussageabsichten der epischen Formen ins Gedächtnis.

WISSEN **Merkmale epischer Formen**

- **Roman *(novel)*:** epische Großform, die sich von den kürzeren epischen Formen durch einen größeren Umfang, eine mehrsträngige und oft komplexe Handlung mit einer Haupthandlung *(main plot)* und mehreren Nebenhandlungen *(subplots)* sowie mehrere Hauptfiguren und Figurenensembles unterscheidet.
- **Erzählung *(narration)*:** epische Kleinform, deren Aufbau nicht festgelegt ist, die aber über eine in Schritten entwickelte, meist realistische Handlung und über Nebenhandlungen verfügt; kürzer als der Roman, breiter als die Kurzgeschichte angelegt.

- **Kurzgeschichte *(short story)*:** kurze, prägnante, auf einen Höhepunkt zulaufende Geschichte, deren Helden oft gesellschaftliche Außenseiter in Grenzsituationen sind; formale Merkmale sind offener Anfang *(abrupt opening)* und offenes Ende *(open ending)*; realistische, nüchterne Schreibweise sowie wiederkehrende Schlüsselbegriffe.
- **Fabel *(fable)*:** Kurztext, der eine Moral oder Lehre vermittelt; Tiere oder Pflanzen sind Handlungsträger und werden mit typischen menschlichen Eigenschaften ausgestattet *(personification)*.

Textstil

Die Besonderheiten der sprachlichen Darstellungsweise bezeichnet man als Stil. Stilistische Eigenheiten können auf Vorlieben eines Autors beruhen, aber der Stil hängt auch von anderen Bedingungen ab. Manche Textsorten verlangen eine entsprechende Schreibweise (z. B. der nüchterne Stil der Kurzgeschichte) und in einer Epoche kann ein besonderer Stil vorherrschen (z. B. der üppige Stil des Barock).

Charakterisiere den Stil des Textes. Achte dabei auf den Satzbau, die Wortwahl sowie auf auffällige **Stilfiguren** wie Gedankenfiguren (siehe S. 8), Satzfiguren (siehe S. 12 f.), Klangfiguren (siehe S. 11), sprachliche Bilder (siehe S. 14).

Bei der **Analyse des Satzbaus** helfen dir folgende Leitfragen.

- Kommen bestimmte **Satzarten** häufig vor: Fragesätze *(questions, interrogative sentences)*, Ausrufe *(exclamations)*, Passivsätze?
- Was fällt dir beim **Satzumfang** auf? Überwiegen kurze, möglicherweise unvollständige Sätze, die z. B. den Eindruck von Nervosität erwecken? Gibt es hauptsächlich lange Sätze *(complex sentences)*, die z. B. eine intensive Beschreibung beinhalten?
- Finden sich vor allem **Satzreihen** *(coordinate sentences)* oder **Satzgefüge** *(compound sentences)*? Werden mit Hypotaxen (Satzgefüge aus Haupt- und Nebensätzen) temporale oder kausale Zusammenhänge klar vermittelt? Werden mit Parataxen (Satzreihen aus einzelnen Hauptsätzen) Sachverhalte eher unzusammenhängend dargestellt?
- Werden **Satzfiguren** (auffällige Abweichungen von der gängigen Syntax) benutzt?

Bei der Analyse der **Wortwahl** helfen dir folgende Leitfragen.

- Überwiegen bestimmte **Wortarten?** Nominalstil kann statisch, Verbalstil eher dynamisch wirken, die gehäufte Verwendung von Adjektiven lebendig.
- Wird **Alltagssprache** oder **Fachwortschatz** verwendet? Gibt es Wörter und Wendungen aus der **informellen Sprachebene?**
- Findet man auffallend häufige **Wiederholungen** einzelner Wörter?
- Werden **Wortfiguren** (Abweichungen von der üblichen Wortwahl) benutzt?

WISSEN **Sprachebenen**

Die Wortwahl gibt neben der Satzstruktur und der Ausdrucksweise eines Textes immer einen Hinweis auf die vom Autor verwendete Sprachebene *(register)*.

- **Formelle Sprachebene *(formal English)*** wird bevorzugt, wenn zwischen den Kommunikationspartnern nur eine offizielle und unpersönliche Beziehung besteht. Merkmale sind Höflichkeitsfloskeln, Fachbegriffe *(technical terms)*, anspruchsvolles Vokabular und komplexe Sätze.
- **Neutrale Sprachebene *(neutral English)*** ist die Sprache der gebildeten, höflichen Alltagskonversation *(colloquial English)*, die als Schriftsprache auch in seriösen Zeitschriften, Sachbüchern und moderner Erzählliteratur verwendet wird. Merkmale sind korrekte Grammatik und Syntax, in der modernen Alltagssprache gebräuchlicher Wortschatz ohne Dialektausdrücke, emotionale Wörter oder Fachbegriffe.

- **Informelle Sprachebene *(informal English)*** ist üblich, wenn die Kommunikationspartner in einer distanzlosen und vertrauten Beziehung zueinander stehen, z. B. in der Familie, unter Freunden und Arbeitskollegen *(familiar style)*. Sie wird im täglichen Gespräch sowie in umgangssprachlich verfassten Texten (z. B. Artikeln in Jugendzeitschriften) gebraucht. Merkmale sind einfaches Vokabular, einfache Satzstruktur, Kurzformen *(don't)*, *phrasal verbs*, *idioms* und zuweilen auch *slang words*.
- ***Slang words*** gehören zum *informal English* und sind von einer bestimmten gesellschaftlichen Gruppe geprägte Begriffe (z. B. *teenage slang*). Slang liegt außerhalb der Standardsprache und ist nur im mündlichen, informellen Sprachgebrauch üblich.
  In der Literatur wir Slang aus gestalterischen Gründen zur Schaffung von Realitätsnähe verwendet.

Frage dich immer nach der **Wirkung der Stilmittel:** Welche **Absicht** verfolgt der Autor mit dem Einsatz bestimmter sprachlicher Mittel, welche Wirkung wird erzielt? Bestimme, welche ersten Informationen du aus dem Stil über den Erzähler und die Figuren ableiten kannst:

- Der **Stil in der Erzählerrede** zeigt das Verhalten des Erzählers (auktorialer Erzähler vs. personaler Erzähler) und ist ein Mittel der Leserlenkung. Ein besonders emotionaler, umgangssprachlich gefärbter Stil wirkt anders als eine nüchterne Erzählweise.
- Der **Stil der Figurenrede** trägt zur Charakterisierung einzelner Figuren hinsichtlich ihres Bildungsstandes, Sozialverhaltens sowie ihrer psychischen Verfassung bei und hebt sie voneinander ab.

AUFGABE 1 *What kind of text is Kurosaka's story? Which are the relevant features of the text?*

4 Schauplatz und Atmosphäre untersuchen

Funktion des Schauplatzes

In vielen fiktionalen Texten spielt der Schauplatz *(setting)*, an dem sich die Ereignisse zutragen, eine Rolle. Der Schauplatz ist dabei nicht nur der **Ort** *(Where?)*, sondern auch der **Zeitpunkt** *(When?)* sowie die dadurch festgelegten Bedingungen, unter denen die Charaktere agieren. Bestimme den Schauplatz des Textes und untersuche, welche Funktion er für die Charaktere bzw. Handlung hat:

- **Charakterisiert** er die Figuren? Eigenarten von Figuren können sich in ihrem Lebensraum zeigen, z. B. in der Zimmereinrichtung oder einer kargen Landschaft.
- Erzeugt er eine bestimmte **Atmosphäre** *(atmosphere)*? Die Schilderung eines Sonnenuntergangs am Meer kann z. B. eine romantische Stimmung hervorrufen.
- Stellt er einen **Kontrast** dar? Der Kontrast kann für die Handlung wichtig sein, z. B. die ärmlichen Zimmer der Dienstboten, die repräsentativen Räume der Herrschaft.

Symbolische Bedeutung

Die Wahl eines bestimmten Ortes spiegelt häufig das Innenleben der Figuren. Somit stehen Orte für die geistige und seelische Verfassung der Charaktere. Überlege, ob Orte, Natur und Wetter, Farben und Formen eine sinnbildliche Funktion *(symbolical function)* besitzen:

- Reflektieren sie **Stimmungen** und seelische Befindlichkeiten? Niedergeschlagenheit kann z. B. durch die Enge und Düsternis eines Zimmers illustriert werden.

- Lösen sie **Empfindungen** in den Figuren aus? Der Besuch eines Friedhofs kann z. B. traurige Erinnerungen hervorrufen.
- Charakterisieren sie Figuren? **Eigenarten** von Figuren können sich in ihrem Lebensraum zeigen, z. B. in der Zimmereinrichtung oder in einer kargen Landschaft.
- Spiegeln sie **symbolisch** Inhalte und Probleme wider? Die Grundidee eines Erzähltextes kann sich im Ort der Handlung zeigen, z. B. ein erfolgreicher Aufstieg zu Macht und Einfluss in einer lebhaften und modernen Stadt.

AUFGABE 2 *Describe the setting of the story.*

5 Erzählerfigur analysieren

Erzählperspektive

Der Erzähler ist die vermittelnde Instanz zwischen der Handlung und dem Leser. Untersuche, welche **Rolle** der Erzähler einnimmt und welchen **Blickwinkel** *(point of view)* er auf das Geschehen hat.

- Ist der Erzähler Teil der Handlung? Tritt er als eigenständige, beschreibbare Figur auf?
- Kommentiert der Erzähler das Geschehen? Kommuniziert der Erzähler mit dem Leser?
- Hat der Erzähler Distanz zum Geschehen oder ist er involviert? Von welchem Standpunkt aus wird erzählt? Welche Kenntnisse hat der Erzähler über die Gefühle und Gedanken aller/einzelner Personen?

Bestimme anhand deiner Ergebnisse, welche Erzählperspektive *(narrative perspective, focus of narration)* vorliegt.

Ich-Erzähler *(I-narrator / first-person narrator)*

- Die Geschichte wird von einer Figur in der ersten Person erzählt, die selbst zu den fiktionalen Charakteren gehört.
- Die Erzählgestalt ist entweder nur Beobachter des Geschehens *(observer narrator / I as a witness)* oder sie ist selbst Protagonist *(I as a protagonist)*.
- Der Ich-Erzähler kann auch Hauptfigur *(main character)* sein.
- Die Erzählweise des unglaubwürdigen Erzählers *(unreliable narrator)* lässt den Leser im Unklaren darüber, ob die Darstellung glaubwürdig ist, da die Geschichte z. B. aus kindlicher Perspektive geschildert wird.
- Ist der Ich-Erzähler eine Nebenfigur *(subordinate character)*, spricht man von einem *observer narrator*, der als Zeuge *(eye-witness)* die Handlung verfolgt.

Auktorialer Erzähler *(omniscient narrator)*

- Der Erzähler steht außerhalb der Welt der Charaktere und nimmt eine Position der Außenperspektive *(external point of view)* ein.
- Er geht von Charakter zu Charakter, von Ereignis zu Ereignis, hat freien Zugang zu Gedanken und Gefühlen der Charaktere. Seine Perspektive ist unbegrenzt *(unlimited point of view)*.
- Einerseits greift er ein *(intrusion; intrusive narrator)*, indem er durch Zwischenbemerkungen Figuren und deren Handlungsweise kommentiert *(editorial omniscience)*, andererseits hält er sich im Hintergrund *(neutral omniscience)*.
- Er spricht den Leser direkt an.

Personaler Erzähler *(third-person selective narrator)*

- Ein personaler Erzähler erzählt aus dem Blickwinkel einer Figur, womit auch die Wahrnehmung des Lesers auf den Erfahrungsbereich dieser Figur beschränkt ist.
- Indem der Leser mit den Augen dieser Perspektiven- oder Reflektorfigur auf das Geschehen blickt *(introspection; internal point of view)*, entsteht der Eindruck, dass gar kein Erzähler vorhanden ist. Der Erzähler ist verborgen hinter der Maske der Perspektivenfigur *(persona)*. Er ist Stellvertreter der Figur *(substitutionary narration)*.
- Im Verlauf einer Erzählung kann die Perspektivenfigur (mehrmals) wechseln.
- Der Erzähler mischt sich nicht in das Geschehen ein und spricht den Leser nicht an.
- Der Erzähler gibt eine wirklichkeitsgetreue Darstellung, es entsteht der Eindruck der Nähe zum Geschehen.

Erzählerische Mittel

Die Erzählperspektive lenkt die Aufmerksamkeit des Lesers in die vom Autor gewünschte Richtung. Untersuche die Mittel, die der Autor einsetzt, um den Leser das Erzählte wahrnehmen zu lassen. Wie berichtet der Erzähler vom Geschehen? Wird die Handlung straff und raffend oder szenisch ausgestaltet wiedergegeben? Nutzt der Erzähler Handlungsunterbrechungen, um Kommentare oder Beschreibungen anzuführen?

WISSEN **Erzählerische Mittel**

- **Bericht *(telling / panoramic presentation)*:** Im Bericht werden u. a. Ereignisse geschildert, Hintergründe beschrieben, Vorgeschichte und Vergangenheit von Charakteren – oft stark gerafft – dargestellt.
- **Beschreibung *(description)*:** Die Handlung wird unterbrochen, damit Personen, Schauplätze oder Zeitumstände detailliert beschrieben werden können.
- **Szenische Darstellung *(showing / scenic presentation)*:** Das Geschehen wird nahezu ohne Zeitraffung ausführlich dargestellt, z. B. bei der Wiedergabe von Dialogen.
- **Kommentar *(reflection)*:** Der Erzähler bezieht wertend oder reflektierend Stellung zum Geschehen oder äußert sich zum Erzählvorgang selbst. Die Handlung steht währenddessen still.

AUFGABE 3 *How does the author present the plot?*

6 Figuren und Figurenkonstellation untersuchen

Figurencharakteristik

Sammle möglichst viele Merkmale und Eigenschaften *(characteristics)* aus folgenden Kategorien über die zu charakterisierende Figur; nicht immer finden sich in einem Text Informationen zu allen Bereichen.

- **Erscheinungsbild:** Alter, Körperbau, Aussehen, Kleidung usw.
- **Lebensumstände:** Beruf, Bildung, gesellschaftliche Stellung, Beziehungen usw.
- **Verhalten:** Gewohnheiten, Verhaltensmuster, Sprechweise usw.
- **Denken und Fühlen:** Einstellungen, Interessen, Denkweise, Wünsche und Ängste usw.

Informationen über die Merkmale und Eigenschaften einer Figur erhältst du sowohl durch direkte als auch durch indirekte Charakterisierung.

Direkte Charakterisierung: Welche Merkmale und Verhaltensweisen einer Figur beschreibt der Erzähler: Aussehen *(outward appearance)*, Gewohnheiten *(habits)*, Verhalten *(behaviour)*, Einstellungen *(attitudes)* und Meinungen *(opinions)* werden aus der Sicht des Erzählers beschrieben. Auch die Figurenrede (was die Figur sagt), die Bewusstseinswiedergabe *(introspection)* und die Sprechweise (wie sie es sagt; vgl. S. 21, 28) enthält direkte Informationen über den Charakter einer Figur.

Indirekte Charakterisierung: Wie wird das Verhalten einer Person aus der Sicht einer anderen Figur dargestellt und bewertet? Der Erzähler beschränkt sich auf die kommentarlose Wiedergabe dieser Beschreibung. Der Leser ist daher gezwungen, sich ein eigenes Urteil über die Figur zu bilden.

WISSEN **Figurenrede und Bewusstseinswiedergabe**

- **Direkte Rede *(direct speech)*:** Die Äußerung der Figur wird wörtlich wiedergegeben; häufige Kennzeichen sind Redeankündigung, Doppelpunkt und Anführungszeichen. Der Erzähler hält sich zurück, und der Leser erfährt so unmittelbar, was gesagt wird.
- **Indirekte Rede *(reported speech)*:** Die Äußerung der Figur wird vom Erzähler wiedergegeben. Raffungen sind dabei möglich. Da dem Leser das Gesagte vom Erzähler vermittelt wird, hat er mehr Distanz zu den Äußerungen.
- **Erlebte Rede *(reported thought / substitutionary narration)*:** Die Gedanken der Figur werden nicht unmittelbar von dieser selbst, sondern vom Erzähler geschildert. Deshalb finden sich hier wie in der Erzählerrede das *past tense* und die 3. Person. Die Perspektive der Figur wird dabei beibehalten, sodass wie in der direkten Rede der Indikativ und die Hauptsatzwortstellung verwendet werden.
- **Innerer Monolog *(interior monologue)*:** Wie die erlebte Rede versucht der innere Monolog, den Bewusstseinszustand einer Figur unmittelbar vorzuführen. Dies geschieht in einem stummen Selbstgespräch der Figur unter Verwendung von Ich-Form und *present tense*.
- **Bewusstseinswiedergabe *(stream-of-consciousness narration)*:** Der Erzähler präsentiert dem Leser die Gedanken einer Figur ungeordnet, nur assoziativ verknüpft. Häufig überlagern Erinnerungen aktuelle Ereignisse, die Chronologie der Erzählung wird durchbrochen.

Figurenkonstellation

Die Figuren in einem Erzähltext sind Teil eines mehr oder weniger umfangreichen Beziehungsgeflechts, das als Figurenkonstellation bezeichnet wird und für den Handlungsverlauf grundlegend ist. Arbeite anhand der Figurenkonstellation heraus, in welchem Verhältnis *(relationship)* die Figuren zueinander stehen bzw. welche Haltung *(attitude)* sie zueinander haben. Dabei helfen dir die folgenden Fragen:

- Zwischen welchen Figuren besteht eine freundschaftliche oder partnerschaftliche **Verbundenheit** *(affection, close relationship, friendship, support, loyalty)*? Worauf gründet diese sich? Was haben die Figuren gemeinsam?
- Bestehen **Konflikte** oder Abneigungen *(dislike, distant relationship, rivalry, hostility, tense relationship)* zwischen den Figuren? Woher rühren diese Konflikte? Welche unterschiedlichen Interessen haben die Gegner?

- Gibt es innerhalb einer Gruppe von Figuren eine bestimmte **Rangordnung** *(hierarchy)*? Wer muss sich wem unterordnen? Woraus entsteht diese Hierarchie?
- Sind die Beziehungen stabil oder sind sie **Veränderungen** oder einer **Entwicklung** *(development)* unterworfen? Wodurch werden Veränderungen ausgelöst? Ist die Entwicklung langsam *(gradual development)* oder plötzlich *(abrupt change)*?

AUFGABE 4 *Describe the main character of the short story. Which effect do his actions have on the reader?*

7 Handlung und Spannungsaufbau untersuchen

Handlungsschritte

Die Handlung einer Erzählung *(plot)* besteht aus einer Kette von Ereignissen *(events)*. Als Ereignis oder Handlung bezeichnet man dabei eine Situations- oder Zustandsveränderung in einem Zeitverlauf. Gliedere den Erzähltext in einzelne Handlungsschritte, um den Aufbau beschreibbar zu machen.

WISSEN **Handlungsschritte**

Die meisten Erzählhandlungen laufen in drei Handlungsschritten ab, die in längeren Texten wiederholt werden und mehrere Handlungsfolgen bilden können.

- Die **Ausgangslage** ist eine Situation, die einen Handlungsspielraum eröffnet und den Figuren Möglichkeiten zum Handeln eröffnet.
- Die **Handlung** der Figur ändert die Ausgangsituation.
- Als **Ergebnis** der Handlung wird eine neue Lage herbeigeführt (Erfolg oder Misserfolg).

Untersuche die Funktion der Anfangssituation und beurteile die Schlusssituation, indem du das Ende mit den Erwartungen vergleichst, die beim Leser geweckt worden sind.
Als Ergebnisse sind diese Möglichkeiten denkbar:

- **Geschlossenes Ende** – die Handlung wird so abgeschlossen, wie der Verlauf der Ereignisse es nahelegt. Es bleiben keine Fragen offen.
- **Offenes Ende** *(open ending)* – die Handlung wird nicht bis zu einer Lösung fortgeführt, sondern endet vorher. Es bleiben Fragen offen, die der Leser aus seiner Kenntnis der Charaktere und der Geschehnisse heraus selbst beantworten muss.
- **Überraschendes Ende** *(surprise ending)* – Die Handlung endet anders, als der Verlauf der Ereignisse dies nahelegt.

Untersuche, ob sich die Handlung zu einem erzählerischen **Höhepunkt** *(climax)* steigert und wie er gestaltet ist.

- Ereignet sich eine **Krise** *(crisis)* bzw. eine **Katastrophe** *(catastrophe)*, die zugleich dafür ausschlaggebend ist, dass sich das Kräfteverhältnis der handelnden Figuren zueinander verschiebt?
- Ist der Höhepunkt zugleich ein **Wendepunkt** *(turning point)* im Geschehen, woraufhin sich der Untergang der Hauptfigur anbahnt?

Decke wiederholt auftretende Ereignisse und **Ereignismuster** auf. Hat ein Ereignis eine **symbolische Bedeutung,** z. B. die Reise als Symbol des Übergangs zwischen Jugend und Erwachsenendasein im Entwicklungsroman *(coming-of-age novel)*.

Äußere und innere Handlung

Unterscheide bei der Untersuchung der Handlung zwischen den äußeren Vorgängen und der inneren Entwicklung der Figuren.

WISSEN **Äußere und innere Handlung**

Als **äußere Handlung** bezeichnet man Vorgänge und Taten, die von außen sichtbar und hörbar sind. Bei einer Verfilmung der Erzählung kann man die äußere Handlung als Bild und Ton aufnehmen. Erzählerbericht und wörtliche Rede treiben vor allem die äußere Handlung voran.

Die **innere Handlung** dagegen umfasst, was die Figuren denken, fühlen und wünschen, also alle geistigen und emotionalen Zustände und Entwicklungen. Bestimmte Formen der Figurenrede (erlebte Rede, innerer Monolog, Bewusstseinsstrom) geben innere Handlung wieder.

Anordnung der Ereignisse

Der Erzähler hat verschiedene Möglichkeiten, die Ereignisse in einem Erzähltext anzuordnen.

Beim **kontinuierlichen Erzählen** sind die Ereignisse in der chronologischen Reihenfolge ihres Geschehens angeordnet *(in chronological order)* oder verknüpft nach Ursache und Wirkung *(linked by cause and effect)*. Untersuche, welche Ereignisse beim Erzählen einen breiten Raum einnehmen und damit offenbar bedeutsamer sind als andere. Achte bei einer kontinuierlichen Erzählweise auf mögliche Abweichungen von der Chronologie (z. B. Rückblenden oder Vorausdeutungen) und frage dich nach ihrem Sinn.

Beim **diskontinuierlichen Erzählen** arbeitet der Erzähler mit Rückwende *(retrospection)* und Vorausdeutung.

- Beim **Rückgriff** *(reference to the past)* werden Informationen als kurze gedankliche Erinnerungen oder als Bestandteil eines Gesprächs nachgeliefert.
- In **Rückblenden** *(flashbacks)* wird früheres Geschehen in die erzählerische Gegenwart geholt. Das kann z. B. notwendig werden, wenn verschiedene Handlungsstränge an unterschiedlichen Schauplätzen angesiedelt sind.
- In **Vorausdeutungen** *(foreshadowing/anticipation)* werden spätere Ereignisse und Entwicklungen vorweggenommen oder angedeutet, die Figuren äußern Befürchtungen oder Ängste. Das vorgreifende Erzählen *(jumping ahead)* dient häufig der Steigerung der Spannung.

Spannungsaufbau

Untersuche, wie in dem Text Spannung *(suspense)* aufgebaut wird. Unterscheide bei der Untersuchung des Spannungsaufbaus zwischen den folgenden fünf Phasen:

- **Erzeugung** von Spannung *(the author generates/works up/builds up/creates suspense)*,
- **Steigerung** von Spannung *(the suspense intensifies)*,
- **Erhaltung** von Spannung *(the author upholds/maintains/delays/draws out suspense)*,
- **Höhepunkt** von Spannung *(the suspense reaches its climax)*,
- **Lösung** von Spannung *(the suspense abates/lessens)*.

Bestimme, wie sich der zu untersuchende Textauszug einordnen lässt, bzw. ordne die einzelnen Abschnitte der Erzählung den verschiedenen Spannungsphasen zu.

AUFGABE 5 *How does the author create suspense in the text? Explain the effect that is created when the conflict is resolved.*

8 Zeitgestaltung untersuchen

Zeitliche Bedingungen

Für viele Texte ist es von Bedeutung, wann die Ereignisse einer Geschichte zeitlich angesiedelt sind. Häufig haben die **zeitlichen Bedingungen** einen symbolischen Gehalt oder sind für die Charakterisierung von Figuren wichtig. Folgende Leitfragen helfen dir bei der Untersuchung der zeitlichen Bedingungen.

- **Zeitalter:** In welcher Zeit ist das Geschehen historisch angesiedelt? Welches Weltbild hatten die Menschen zu dieser Zeit? Welche politischen und sozialen Gegebenheiten kennzeichnen die Epoche?
- **Tages- und Jahreszeit:** Steht eine Tages- oder Jahreszeit für eine bestimmte Entwicklung, z. B. Morgen – Neubeginn, Herbst – Verfall? Erzeugt sie eine besondere Atmosphäre?
- **Lebensabschnitt der Figuren:** Welchen Lebensabschnitt erleben die Figuren gerade (Jugend, Alter usw.)? Haben sie daher eine bestimmte Haltung zur Zeit?

Zeitebenen und Zeitstruktur

Erfasse die **Zeitstruktur** der Handlung, indem du die beiden Zeitebenen des Textes, Erzählzeit *(narrating time / reading time)* und erzählte Zeit *(acting time)*, untersuchst.

WISSEN **Erzählzeit und erzählte Zeit**

Unter **Erzählzeit *(narrating time / reading time)*** versteht man die Zeitspanne, die der Erzähler benötigt, um die Geschichte zu erzählen. Man kann sie gleichsetzen mit der Lesezeit, die der Leser braucht, um den Text zu lesen.
Die **erzählte Zeit *(acting time)*** dagegen umfasst die Zeitspanne, die die dargestellten Ereignisse in Anspruch nehmen, z. B. einen Tag im Leben eines Menschen oder die mehrere Jahrzehnte umfassende Geschichte einer Familie.

Untersuche anschließend das **Verhältnis von Erzählzeit zu erzählter Zeit,** um die Zeitstruktur des Textes zu beschreiben. Anhand der **Zeitstruktur** kannst du ablesen, welchen Teilen des Geschehens der Erzähler Bedeutung beimisst. Erzählzeit und erzählte Zeit können in folgenden Verhältnissen zueinander stehen.

- **Zeitdeckung** *(simultaneity):* Erzählzeit und erzählte Zeit sind (in etwa) gleich lang. Der Leser hat den Eindruck, unmittelbar am Geschehen teilzuhaben, wenn z. B. in wörtlicher Rede Dialoge wiedergegeben werden.
- **Zeitraffung** *(compression of time):* Die Erzählzeit ist kürzer als die erzählte Zeit, wenn längere Zeiträume zusammengefasst dargestellt werden. Bei der Zeitraffung entsteht Distanz zum Dargestellten, da der Erzähler es für wenig bedeutsam hält.
- **Zeitdehnung** *(expansion of time):* Die Erzählzeit ist länger als die erzählte Zeit. Gedehnt wird die Zeit häufig bei der ausführlichen Wiedergabe von Gedanken und Gefühlen *(stream-of-consciousness narration)*. Solche Passagen sind meist bedeutsam.
- **Zeitpause** *(pause):* Kommentare eines auktorialen Erzählers oder Beschreibungen benötigen Erzählzeit, bringen aber die erzählte Zeit nicht voran. Die Handlung steht während solcher Einschübe still.
- **Aussparung** *(ellipsis):* Wenn der Erzähler einen Zeitabschnitt der Handlung überspringt, greift er auf das Stilmittel der Aussparung zurück. Die Aussparung ist die extreme Form der Zeitraffung.

9 Gliederung und Verfassen deines Aufsatzes

Einleitung

Nenne die **Grundinformationen** zu dem zu analysierenden Text wie Autor, Titel, Entstehungszeit und Thema. Nenne bei einem Auszug aus einem bekannten Text relevante Angaben zu den handelnden Figuren, dem Schauplatz und den unmittelbaren Voraussetzungen der Handlung.

Hauptteil

Stelle deiner Analyse bei längeren Texten eine kurze **Inhaltsangabe *(summary)*** voran und gib darin das erzählte Geschehen wieder. Häufig ist die Inhaltsangabe Teil der Arbeitsanweisung.

WISSEN **Inhaltsangabe**

- Formuliere einen **einleitenden Satz** über das Thema, benenne die Textsorte und nenne den Namen des Autors.
- Widme dich im **Hauptteil** den Hauptfiguren, dem Ort und der Zeit der geschilderten Ereignisse bzw. der Handlung. Beantworte die fünf W-Fragen: *Who? What? Where? When? Why?*
- Fasse in der **Schlussbetrachtung** *(conclusion)* ggf. zusammen, was im Originaltext (also nicht deine eigene Meinung!) als Schluss formuliert wird.
- Die Zeitform des *summary* ist das *present tense.* Beschreibst du vorzeitiges Geschehen, greifst du auf *past-tense*-Formen zurück.
- Verwende in der Inhaltsangabe wird **keine direkte Rede**; sie ist nicht in der Ichform verfasst.
- Gib den Inhalt der Textvorlage **mit eigenen Worten** wieder. **Schlüsselwörter** des Textes kannst du übernehmen – nicht aber Teile von Sätzen oder ganze Sätze.
- Verfasse die Inhaltsangabe in einem **sachlichen Stil.** Verzichte auf die Wiederholung sprachlicher Bilder.
- Die Inhaltsangabe beschränkt sich auf die **wesentlichen Einzelheiten** der Vorlage. Sie umfasst etwa ein Drittel des Originaltextumfangs.
- Die Inhaltsangabe enthält **keine Bewertungen,** Kommentare oder Interpretationsansätze.

Entscheide, ob sich eine lineare oder eine aspektorientierte Darstellung deiner Untersuchungsergebnisse für die geforderte Analyse anbietet.

- Deute den Text beim **linearen Verfahren** Abschnitt für Abschnitt. Das ist sinnvoll, wenn etwa die Entwicklung einer Figur aufgezeigt werden soll.
- Gliedere den Text beim **aspektorientierten Verfahren** nach den einzelnen Deutungsaspekten. Das ist sinnvoll, wenn in der Aufgabe mehrere Aspekte angegeben werden. Beziehe dich dabei in jedem Abschnitt auf den gesamten Text(ausschnitt).

Wähle eine angemessene **sprachliche Darstellung** deiner Ergebnisse (vgl. S. 15), **gliedere** deinen Aufsatz sinnvoll (vgl. S. 15), belege deine Aussagen mit **Zitaten** (siehe S. 43) und achte auf die richtige **indirekte Redewiedergabe** (vgl. S. 23).

Schluss

Fasse deine Ergebnisse zusammen und gib eine abschließende Deutung ab. Möglich ist auch – je nach Aufgabenstellung – der Blick auf übergreifende Zusammenhänge.

Erschließen eines pragmatischen Textes

Sachtextanalyse

1 Aufgabenstellung erfassen

- Analyseschwerpunkte
- Operatoren

2 Analyse vorbereiten

- Lektüre und inhaltlicher Überblick
- Erstes Textverständnis

3 Textsorte und Kommunikationssituation bestimmen

- Kommunikationssituation
- Textsorte

4 Inhalt untersuchen

- Thema und Sachverhalt
- Gedanklicher Aufbau

5 Sprachlich-stilistische Mittel analysieren

- Stilebene und Wortwahl
- Rhetorische Mittel

6 Textintention herausarbeiten

- Textfunktionen
- Techniken der Beeinflussung

7 Gliederung und Verfassen deines Aufsatzes

- Einleitung
- Hauptteil
- Schluss

MATERIAL

George W. Bush (1946)*

Excerpt from the 9/11 TV Address of 11 September 2001

The pictures of airplanes flying into buildings, fires burning, huge structures collapsing, have filled us with disbelief, terrible sadness, and a quiet, unyielding anger. These acts of mass murder were intended to frighten our nation into chaos and retreat. But they have failed; our country is strong.
A great people has been moved to defend a great nation. Terrorist attacks can shake the foundations of our biggest buildings, but they cannot touch the foundation of America. These acts shattered steel, but they cannot dent the steel of American resolve.
America was targeted for attack because we're the brightest beacon for freedom and opportunity in the world. And no one will keep that light from shining. [...]
This is a day when all Americans from every walk of life unite in our resolve for justice and peace. America has stood down enemies before, and we will do so this time.
None of us will ever forget this day. Yet, we go forward to defend freedom and all that is good and just in our world.

1 Aufgabenstellung erfassen

Analyseschwerpunkte

Die Analyse eines Sachtexts *(non-fictional/factual text)* verlangt von dir die Verbindung der Untersuchung von Sprache und Aufbau mit der Erfassung der Textintention. Darüber hinaus musst du auch die Erscheinungsform (z. B. Art der Publikation, Tageszeitung oder Fachzeitung, mündliche Rede) in deine Analyse mit einbeziehen.

- In der Regel geht die Analyse anhand einer oder mehrerer Leitfragen vor. So sollst du bei einer solchen **aspektorientierten Aufgabenstellung** z. B. die Argumentationsstruktur eines Textes untersuchen, die sprachlichen (rhetorischen) Mittel analysieren oder den Standpunkt des Autors zu einem Thema herausarbeiten.
- An die Analyse knüpft sich häufig eine **weiterführende Fragestellung** an, die den Text in einen weiteren Zusammenhang stellt, z. B. sollst du dich mit einer bestimmten These des Autors auseinandersetzen oder das Für und Wider einer Forderung diskutieren.

Operatoren

Im Arbeitsauftrag weisen dich Operatoren darauf hin, was von dir verlangt wird (vgl. S. 6 f.). Bestimme, was die Operatoren bedeuten, und überlege, was genau analysiert werden soll. Du musst nicht bei jeder Aufgabe jeden Analyseschritt abarbeiten. Konzentriere dich auf die Aspekte, die in der Arbeitsanweisung gefordert werden, bzw. auf für den Text relevante Aspekte.

2 Analyse vorbereiten

Lektüre und inhaltlicher Überblick

Lies den gesamten Text inklusive der **Überschrift** und ggf. der **Anmerkungen** ein erstes Mal aufmerksam durch. Dabei verschaffst du dir mithilfe der Lesetechnik *skimming* (vgl. S. 68) einen ersten groben Überblick über den Text: Worum geht es thematisch? Was sind die Kernaussagen?

Erstes Textverständnis

Lies den Text ein zweites Mal und verschaffe dir einen gründlichen Überblick über den zu interpretierenden Text bzw. Textausschnitt sowie über unbekannte Wörter. Markierungen, die du während des Lesens machst, helfen dir später, Wichtiges wiederzufinden.

- Schlage **unbekannte Wörter** nach bzw. erschließe sie (vgl. S. 60).
- Markiere die **Kernbegriffe**. Wenn du mehrere Zeilen kennzeichnen willst, mache eine zusammenfassende **Randnotiz.**
- Untersuche den Aufbau des Textes bzw. Textausschnitts und ermittle **Sinnabschnitte.**
- Arbeite den Text im Hinblick auf die verschiedenen **Analyseaspekte** durch, unterstreiche dabei wichtige Stellen oder **Schlüsselwörter** in dem Textauszug mit verschiedenen Farben oder mache Randnotizen.
- Aktiviere dein **Vorwissen** und überlege, was du über den Autor, das Thema usw. bereits aus dem Unterricht weißt.

3 Textsorte und Kommunikationssituation bestimmen

Kommunikationssituation

Zur Bestimmung der Kommunikationssituation untersuchst du die **Produktionsbedingungen** des Textes und überlegst, welche **Rezeption** der Autor beabsichtigt hat. Stelle dir dabei folgende Fragen:

- **Wer** hat den Text verfasst? Handelt es sich um einen Journalisten, einen Politiker, einen Leser (Leserbrief) usw.?
- **Wo** ist der Text (im Original) zu finden? Erschien der Text in einer Zeitung? An welchem Ort wurde die Rede gehalten?
- **Wann** ist der Text erschienen bzw. wurde die Rede gehalten?
- An welches **Publikum** wendet sich der Verfasser aufgrund von Inhalt und Sprachstil? Spricht er einzelne, individuelle Leser oder ein Massenpublikum an? Handelt es sich um ein Fach- oder Laienpublikum, ein kritisches/unkritisches Publikum, homogenes/heterogenes Publikum im Hinblick auf Weltanschauung, politische oder religiöse Gesinnung?

Textsorte

Je nach Aufbau, Sprache und Zweck unterscheidet man verschiedene Sachtextsorten. Bestimme zunächst, um welche Textsorte es sich bei dem zu untersuchenden Text handelt.

WISSEN **Sachtextsorten**

- **Rede *(speech)*:** monologische Form öffentlichen Sprechens zur Beeinflussung von Zuhörern *(electoral speech, inaugural address, political speech)*
- **Bericht *(news report)*:** sachliche und objektive Wiedergabe der wesentlichen Fakten und Hintergründe eines Ereignisses. Die Schlagzeile *(heading)* fasst das Thema verkürzt zusammen. Die Unterüberschrift *(subheading)* gibt die wesentlichen Fakten schlagwortartig wieder. Der Vorspann oder Kopf *(head paragraph)* informiert in kurzen Aussagesätzen über die Geschehnisse und beantwortet die journalistischen Fragen *Who?, What?, When?, Where?, Why?, How?*. Der folgende Haupttext *(body)* liefert Hintergründe.
- **Reportage *(feature)*:** ausführliche Darstellung eines Themas über einen längeren Zeitraum oder Erlebnisbericht; vorwiegend tatsachenorientiert, teils persönlich gefärbt, Beleuchtung von Hintergründen, Befragung von Experten und Beteiligten sowie Abbildungen
- **Leitartikel *(editorial / leading article)*:** Stellungnahme des Herausgebers oder leitenden Redakteurs einer Zeitung oder Zeitschrift zu einem aktuellen Tagesereignis
- **Kommentar *(comment)*:** Artikel mit argumentativer Struktur, in dem der Autor persönlich und wertend Stellung zu einer aktuellen Nachricht oder einem aktuellen Ereignis nimmt
- **Leserbrief *(letter to the editor)*:** Möglichkeit für Leser, ihre Meinung zu einem Thema zu äußern
- **Rezension *(review)*:** kritische Besprechung eines Buches, einer CD, eines Films, einer Theater-, Ballett- oder Operninszenierung, eines Konzerts oder einer Ausstellung
- **Essay:** besondere Form wissenschaftlicher Sachtexte *(historical/scientific/technological account/report)*, deren Ziel nicht die wissenschaftliche Exaktheit, sondern die durch die persönliche Einstellung des Autors gefärbte Auseinandersetzung mit einem Thema ist

AUFGABE 1 *Which information is provided by the occasion and the date of the speech?*

4 Inhalt untersuchen

Thema und Sachverhalt

Lege fest, welcher Sachverhalt, welches Problem oder welches Thema der zu untersuchende Text behandelt.

- Kommt das Thema bereits in der **Überschrift** deutlich zum Ausdruck?
- Formuliere die Kernaussagen jedes Sinnabschnitts mit eigenen Worten. Die Stichpunkte kannst du später für die kurze **Inhaltsangabe** verwenden.
- Werte beigefügte Zusatzmaterialien (Schaubilder, Grafiken) aus. Was sagen sie aus?

Gedanklicher Aufbau

Untersuche die Gliederung und den gedanklichen Verlauf *(train of thought)* des Textes. Unterteile den Text zunächst in **Sinnabschnitte** *(lines of thought)* und überlege, mit welchen Überschriften sich die Struktur kennzeichnen lässt; konzentriere dich dabei auf die **Funktion,** die die einzelnen Abschnitte haben (z. B. *introduction, exposition of facts, question, information, argument, explanation, illustration, proof, example, consequence etc.*)

Untersuche, wie der Autor seine Gedankenführung gestaltet bzw. wie er seine Argumentation aufbaut und wie er seine Argumente stützt. Folgende Fragen helfen dir dabei.

- **Aufbau der Argumentation:** Ist es eine logische oder eine assoziative Gedankenführung? Schweift der Autor ab? Verliert er sich im Detail? Sind die Argumente linear angeordnet, d. h. vom Wichtigeren zum Unwichtigeren oder umgekehrt?
- **Veranschaulichung der Argumente:** Durch welche Beispiele und Belege (wie z. B. *survey, exact figures and/or numbers, experts*) veranschaulicht oder stützt der Autor seine Argumente? Untersuche, inwieweit die Auswahl der Beispiele passend ist.
- **Wirkung der Argumente:** Welche Wirkung erzielt der Autor mit der Argumentationsstruktur? In welcher Beziehung steht die erzielte Wirkung zu Autorintention, Textsorte und Inhalt?

AUFGABE 2 *Explain the line of thought of George W. Bush's TV address.*

5 Sprachlich-stilistische Mittel analysieren

Stilebene und Wortwahl

Untersuche, wie der Autor Sprache und sprachliche Mittel *(stylistic devices)* einsetzt, um seine Aussageabsicht zu unterstützen.

- Bestimme, welche **Sprache** der Verfasser verwendet, z. B. formelle, sachliche oder informelle Sprachebene, umgangssprachliche Wendungen *(idioms)*. Auf welcher Stilebene *(register)* bewegt sich der Text? Ist es ein hohes oder niedriges Sprachniveau?
- Achte auf Auffälligkeiten in der **Wortwahl** *(choice of words)*: Verwendet der Autor Modewörter, Fremdwörter, Schlagwörter, Fachbegriffe, bestimmte Wortarten (z. B. Adjektive) in ungewohnter Häufung, dramatisches Vokabular usw.?
- Untersuche den **Satzbau** *(syntax)*: Werden hauptsächlich hypotaktische Satzgefüge *(compound sentences)*, bestehend aus Haupt- und Nebensätzen *(main clauses and subordinate clauses)*, oder parataktische Satzreihen *(coordinate sentences)* verwendet?
- Gibt es Sprachspiele *(puns)*, Redewendungen *(idioms)* oder Zitate *(quotations)*?

Rhetorische Mittel

Bestimme, welche rhetorischen Mittel der Autor verwendet (vgl. S. 8, 11 f., 14). Verdeutliche dir die beabsichtigte bzw. tatsächlich erreichte Wirkung der rhetorischen Figuren.

- **Anschaulichkeit, Unterhaltung:** *metaphor, simile, pun*
- **Eindringlichkeit, Verstärkung:** *anaphora, repetition, alliteration, metaphor (e.g. "fire", "burning" in order to evoke a threat scenario)*
- **Spannung:** *climax*
- **Kommunikative Funktion** *(to involve the reader/audience)*: Anrede, Gruppensprache, *pronouns (we, us)*

AUFGABE 3 *Analyse the stylistic devices that are used and describe their effect.*

SACHTEXTANALYSE

6 Textintention herausarbeiten

Textfunktionen

Sachtexte sind mit einer bestimmten Absicht *(intention)* verfasst, die maßgeblich für den Aufbau und die Sprache des Textes ist. In der Regel weisen Texte mehrere Funktionen auf. Verdeutliche dir immer, welche hauptsächliche Funktion der Text hat.

WISSEN **Textfunktionen**

Je nachdem, welche Intention der Autor mit seinem Text verfolgt, lassen sich verschiedene Textfunktionen unterscheiden.

- **Informierende Funktion:** Hier steht die Vermittlung von Informationen und Tatsachen im Vordergrund *(factual articles* wie *news item, news report)*.
- **Argumentative Funktion:** Diese Texte beziehen zu bestimmten Sachverhalten Position oder setzen sich mit einem Problem aus mehreren Blickwinkeln *auseinander (commenting articles* wie *comment, essay, letter to the editor* sowie *political speech)*.
- **Appellative Funktion:** Diese Texte wollen mithilfe von Argumenten, Beispielen, Zitaten usw. den Leser zu einer Handlung überreden oder überzeugen *(persuasive function)* oder eine Verhaltensänderung herbeiführen *(political speeches, advertisements)*.
- **Deskriptive Funktion:** Diese Texte beschreiben Personen, Orte, *Gegenstände*, Stimmungen oder Zustände *(sports commentary, description of a painting)*.
- **Narrative Funktion:** Diese Texte berichten chronologisch über Ereignisse, Entwicklungen, deren Ursachen und Konsequenzen *(news report, letter, diary)*.
- **Expositorische Funktion:** Diese Texte erklären Sachverhalte und Vorgänge *(essay, scientific investigation, comment)*; sie verwenden Fachausdrücke *(technical terms)*.

Techniken der Beeinflussung

Manche Texte, vor allem *commenting articles*, versuchen, durch die Art der Darstellung die Leser zu beeinflussen, zu überreden oder sogar zu manipulieren. Auch *factual articles* können eine bestimmte Färbung *(bias)* aufweisen. Achte bei deiner Untersuchung auf folgende Techniken der Beeinflussung bzw. Manipulation:

- Wird bei der **Darstellung von Sachverhalten** übertrieben *(exaggerate)* oder werden Sachverhalte verharmlost *(playing-down of facts)*?
- **Hält der Autor Informationen zurück** *(withholding information)*? Wählt er Informationen einseitig aus *(one-sided information)*? Vereinfacht *(simplify)* oder verändert er Fakten? Wiederholt er bestimmte Schlagwörter *(repetition of slogans)*?
- **Wertet der Autor seine eigene Position auf?** Stellt er die eigenen Interessen als Interessen aller dar? Erzeugt er ein Wir-Gefühl *(spirit of community)*? Verwendet er für die eigene Gruppe Begriffe mit positiver Konnotation *(positive connotation)*, z. B. *honest, fair?*
- **Wertet der Autor die Gegenposition ab?** Schreibt er Fehler dem Gegner zu? Zeigt er ungünstige Aspekte der Gegenargumentation auf? Verwendet er für die gegnerische Gruppe Begriffe mit negativer Konnotation *(negative connotation)*, z. B. *dishonest, unfair?*
- **Dramatisiert der Autor?** Entwickelt er Bedrohungsszenarien *(threat scenarios)*? Schürt er Ängste bei den Zuhörern/Lesern?
- **Lenkt er vom Thema ab?** Ignoriert er Probleme und stellt stattdessen die eigenen Erfolge dar? Relativiert er kritische Aspekte durch Beschönigungen *(euphemisms*, vgl. S. 14)? Appelliert er an das Gemeinschaftsgefühl *("We all must contribute ...")*?

AUFGABE 4 *Outline the intended effect of the 9/11 TV Address.*

7 Gliederung und Verfassen deines Aufsatzes

Einleitung

Nenne in der Einleitung die **Grundinformationen** zu dem zu analysierenden Text wie Autor, Titel, Textsorte, Erscheinungsort, Entstehungszeit und Adressaten. Benenne das **Thema** und fasse den **Inhalt** des Sachtextes kurz zusammen (siehe S. 36).

Hauptteil

Im Hauptteil beantwortest du die Teilaufgaben der Arbeitsanweisung. Entscheide, ob sich eine lineare oder eine aspektorientierte Darstellung deiner Untersuchungsergebnisse für die geforderte Sachtextanalyse anbietet.

- Deute den Text beim **linearen Verfahren** Abschnitt für Abschnitt. Das ist sinnvoll, wenn etwa die Argumentationsführung aufgezeigt werden soll.
- Gliedere den Text beim **aspektorientierten Verfahren** nach den einzelnen Deutungsaspekten. Das ist sinnvoll, wenn in der Aufgabenstellung mehrere Untersuchungsaspekte angegeben werden. Beziehe dich dabei in jedem Abschnitt auf den gesamten Text(ausschnitt).

Wähle eine angemessene **sprachliche Darstellung** deiner Ergebnisse (vgl. S. 15), **gliedere** deinen Aufsatz sinnvoll (vgl. S. 15), belege deine Aussagen mit **Zitaten** und achte auf die richtige **indirekte Redewiedergabe** (vgl. S. 23).

WISSEN **Richtig zitieren**

Zitate ermöglichen es, deine Deutungen nachzuprüfen. Sie müssen

- als Beleg **zur Aussage passen,**
- exakt dem **Wortlaut des Textes** entsprechen,
- **grammatisch korrekt** mit deiner Aussage verknüpft werden,
- mit **doppelten Anführungszeichen** gekennzeichnet werden.

Setze von dir vorgenommene Auslassungen in eckige Klammern und gib in runden Klammern nach dem Zitat die Fundstelle an (z. B. l. 4, ll. 5–8).

Schluss

Fasse im Schlussteil deine Analyseergebnisse zusammen und mache auch hier noch einmal die Bezüge zwischen Intention, Struktur und sprachlichen Mitteln des Textes deutlich.

Erschließen visueller Vorlagen

Bild und Cartoon analysieren

1 Aufgabenstellung erfassen

- Arbeitsauftrag und Operatoren

2 Beschreiben

- Allgemeine Informationen
- Detaillierte Beschreibung

3 Analysieren und interpretieren

- Bildaufbau und seine Wirkung
- Stilmittel
- Kontext und Intention

4 Bewerten

- Stellungnahme

5 Gliederung und Verfassen deines Aufsatzes

- Einleitung
- Hauptteil
- Schluss

MATERIAL

Alfred Eisenstaedt (1898–1995)

Kissing Sailor

1 Aufgabenstellung erfassen

Arbeitsauftrag und Operatoren

Die Analyse eines Bildes oder Cartoons verlangt von dir die Verbindung der **bildimmanenten Kennzeichen** (Beschreibung, Analyse) mit der Untersuchung der **Intention.** Darüber hinaus musst du auch **externe Aspekte** (Quellen, Anlass der Veröffentlichung) in deine Untersuchung mit einbeziehen.
In der Regel gibt die Aufgabenstellung die **Aspekte** vor, die du besonders berücksichtigen sollst. Lies dir daher die Aufgabenstellung genau durch. Im Arbeitsauftrag weisen dich bestimmte **Operatoren** (vgl. S. 6 f.) darauf hin, was genau von dir verlangt wird.

2

Beschreiben

Allgemeine Informationen

Verschaffe dir zunächst einen Überblick über die allgemeinen Informationen zu dem Bild bzw. Cartoon.

- Bestimme die **Art** des Bildes, z. B. Werbeplakat, Gemälde, Cartoon usw.
- Wie lautet der **Titel?**
- Fasse das **Thema** in einem Satz zusammen. Welche Situation wird gezeigt?
- Sammle Informationen zu den **Quellen** *(sources):* Wer ist der Künstler, Fotograf oder Karikaturist? Wann und wo wurde das Werk veröffentlicht?
- Was war der **Anlass** *(occasion)* der Veröffentlichung, z. B. Wahlen, ein Sportereignis, eine aktuelle Diskussion o. Ä.?

Detaillierte Beschreibung

In einem ersten Schritt beschreibst du die vorliegende Karikatur, den Cartoon bzw. das Bild oder Foto. Dabei erfasst du die dargestellte Situation vollständig. Im Idealfall kann man sich das Bild danach, auch ohne die Vorlage zu kennen, gut vorstellen. Sieh dir die Bildvorlage genau an und beantworte zunächst folgende **W-Fragen:**

- **Welche Situation** ist dargestellt?
- **Wo** findet die Szene statt *(setting)?*
- **Wer** sind die dargestellten Personen? **Was** tun die Personen?
- **Welche Objekte** bzw. Gegenstände sind in dem Bild zu sehen?

Beschreibe die Bildvorlage anschließend detailliert. Dabei hast du zwei Möglichkeiten:

- Gibt es einen **zentralen Aspekt** im Vordergrund? Dann beschreibst du den Hauptaspekt im Vordergrund *(foreground)*, bevor du auf den Hintergrund *(background)* eingehst.
- Gibt es keinen zentralen Aspekt im Vordergrund, wähle eine **Beschreibungsrichtung:** z. B. von links nach rechts oder von oben nach unten, von vorn nach hinten.

Gehe bei der Beschreibung auf folgende Aspekte und Details ein:

- Beschreibe die **Anordnung** *(arrangement)* der Personen bzw. Objekte im Raum.
- Gib die **Gestik** *(gestures)*, **Mimik** *(facial expression)* und **Körpersprache** *(body language)* bzw. **Körperhaltung** *(posture)* der Personen wieder.
- Achte auf die **Farben** und die **Atmosphäre.** Ist das Bild in freundlichen oder dunklen Farben oder in Schattierungen einer Farbe gehalten? Gibt es Farbkontraste *(contrasts)?* Ist das Licht hell *(bright/light)* oder düster *(dull/dark)*? Gibt es auffällige Schattenwürfe?
- Gibt es eine **Bildüberschrift** *(inscription, label)*, eine **Bildunterschrift** *(caption)* oder **Sprechblasen** *(balloons, bubbles)*? Welche Informationen enthalten sie?

WISSEN **Zeiten für die Beschreibung**

Verwende das ***simple present,*** um zu beschreiben, wer oder was auf dem Bild zu sehen ist, z. B. *"In the centre, there is a group of people"*.

Verwende das ***present progressive,*** um zu beschreiben, was die Person gerade tut bzw. was gerade passiert, z. B. *"They are talking to each other"*.

AUFGABE 1 *Which situation is depicted in Eisenstaedt's picture? Describe the picture.*

3 Analysieren und interpretieren

Bildaufbau und seine Wirkung

Untersuche den Bildaufbau und beschreibe die Auswirkungen auf die Aussageabsicht des Künstlers. Warum stellt der Künstler Personen oder Objekte auf genau diese Weise dar? Welche Wirkung hat das auf den Betrachter?

- Untersuche die Beziehung der Personen auf dem Bild zueinander.
- Welche Botschaften senden Körperhaltung, Mimik *(facial expression)* und Gestik *(gestures)* der Personen?
- Sind die Personen positiv, neutral, negativ dargestellt?
- Charakterisiere, falls Text vorhanden, die Sprache bzw. das Sprachregister (vgl. S. 28 f.) und überlege, welche Bedeutung dem zukommt.

Achte bei der **Analyse von Fotos** (und auch Gemälden oder Zeichnungen) darauf, dass sie keine objektiven Abbilder der Realität sind, sondern „transformierte Wirklichkeit". Dies bedeutet, dass der Fotograf bzw. der Künstler „Realität" gestaltet, indem er z. B. den Aufnahmestandort oder den Bildausschnitt auswählt und dadurch die Wirkung des Bildes mitbestimmt:

- Achte auf den gewählten Bildausschnitt *(frame)*, den Bildaufbau *(composition)*, den Blickwinkel *(point of view)* und die Perspektive *(perspective)*.
- Untersuche die Einstellungsgröße: Ist es eine Detailaufnahme *(extreme close up)*, eine Großaufnahme *(close up)*, eine Totale *(long shot)* oder eine weite Einstellung *(full shot)*?

Achte bei der **Analyse von Cartoons** darauf, ob es sich um eine politische Karikatur *(political cartoon)* oder eine Witzzeichnung *(gag-cartoon)* handelt.

- ***Gag-cartoons*** wollen menschliche Schwächen, Verhaltensweisen oder Ansichten ironisch kommentieren oder auf humorvolle Weise darstellen.
- ***Political cartoons*** üben Kritik an gesellschaftlichen und politischen Verhältnissen und Werten. Die Haltung des Karikaturisten *(cartoonist)* wird zugespitzt präsentiert. Dabei bedienen sich Karikaturisten häufig bestimmter Stilmittel *(stylistic devices)* wie z. B. Symbole, Verfremdung oder Übertreibung *(hyperbole)*.

Stilmittel

Identifiziere die in der Karikatur, dem Cartoon, Bild oder Foto verwendeten Stilmittel *(stylistic devices)*. Wichtig ist, dass du die verschiedenen Stilmittel nicht nur nennst, sondern ihre Wirkung beschreibst und sie in ihrer Funktion wahrnimmst.

WISSEN **Stilmittel in Bild oder Cartoon**

- **Übertreibung *(hyperbole)*:** inhaltlich Bedeutendes (individuelle Merkmale, typische Attribute einer Person usw.) werden übergroß wiedergegeben.
- **Verallgemeinerung *(synekdoche)*:** Ein Begriff wird durch einen engeren oder weiteren Begriff ersetzt bzw. dessen Bild dargestellt, z. B. Geldbeutel für „Reichtum".
- **Symbol:** bildhaftes Zeichen, das auf etwas Höheres verweist, z. B. weiße Taube als Friedenssymbol.
- **Metapher *(metaphor)*:** Vergleich, z. B. dunkle Wolken und Sturm als Metapher für politisches Unwetter.
- **Allegorie *(allegory)*:** ein abstrakter Begriff wird durch ein rational fassbares Bild dargestellt, z. B. Amor mit dem Pfeil steht für die Liebe.
- **Zitat *(reference/allusion)*:** Eine Aussage oder ein Bild aus einem anderen Kontext wird als Anspielung in das Bild gebracht, z. B. eine Figur, die eine Lösung für ein Problem finden muss, wird in der Pose des „Denkers" von Auguste Rodin dargestellt.

Kontext und Intention

Mache dir zum Abschluss der Analyse Gedanken über den Kontext des Bildes bzw. Cartoons und die Intention bzw. Botschaft des Künstlers:

- In welchem räumlichen, zeitlichen und thematischen Kontext steht das Bild, die Karikatur oder der Cartoon? Geht es um ein historisches Ereignis, eine politische Entwicklung, eine soziale Fragestellung o. Ä.?
- Wer ist der Adressat bzw. die Zielgruppe?
- Was ist die Absicht des Künstlers, welche Botschaft hat er?

AUFGABE 2 *What atmosphere does the picture create? What is its message?*

4 Bewerten

Stellungnahme

Abschließend schätzt du ein, ob und wie es dem Künstler bzw. Karikaturisten gelungen ist, sein Anliegen bzw. seine Kritik an den Betrachter zu vermitteln. Stelle deine persönliche Meinung dar und begründe sie.

- Ist das Foto, der Cartoon usw. überzeugend *(convincing)*?
- Wie vermittelt *(conveys)* der Künstler seine Botschaft *(message)*?
- Verwendet der Künstler angemessene Mittel, um seine Botschaft zu transportieren *(use adequate means in order to bring his message across)*?

AUFGABE 3 *Give your own view on the picture.*

5 Gliederung und Verfassen deines Aufsatzes

Einleitung

Nenne in der Einleitung die **Grundinformationen** zu dem zu analysierenden Bild oder Cartoon wie Künstler, Titel, Erscheinungsort, Entstehungszeit und Adressaten. Benenne das Thema und skizziere die dargestellte Situation.

Hauptteil

Im Hauptteil beantwortest du die Teilaufgaben der Arbeitsanweisung und die Ergebnisse deiner Analyse. Wähle eine angemessene **sprachliche Darstellung** deiner Ergebnisse (vgl. S. 15) und **gliedere** deinen Aufsatz sinnvoll (vgl. S. 15). Lies zum Abschluss deinen Text noch einmal sorgfältig durch. Korrigiere Rechtschreib- und Grammatikfehler.

Schluss

Fasse im Schlussteil deine Analyseergebnisse zusammen und präsentiere deine begründete Stellungnahme.

Eigene Texte verfassen

Creative Writing

1 Aufgabenstellung erfassen

- Arbeitsauftrag und Operatoren

2 Ausgangstext erfassen

- Merkmale der Vorlage erarbeiten
- Inhaltlich bedeutsame Aspekte herausfinden

3 Zieltext verfassen

- Kriterien des Zieltexts abrufen
- Einen kreativen Text verfassen
- Deinen Text sinnvoll verbessern

MATERIAL

George W. Bush (1946)*

Excerpt from the 9/11 TV Address of 11 September 2001

Good evening. Today, our fellow citizens, our way of life, our very freedom came under attack in a series of deliberate and deadly terrorist acts. The victims were in airplanes, or in their offices; secretaries, businessmen and women, military and federal workers; moms and dads, friends and neighbors. Thousands of lives were suddenly ended by evil, despicable acts of terror. [...]

1 Aufgabenstellung erfassen

Arbeitsauftrag und Operatoren

Beim *creative writing* sollst du selbstständig einen Text verfassen. Im Gegensatz zur Argumentation bzw. Erörterung analysierst du dabei nicht neutral oder begründest deinen eigenen Standpunkt, sondern verfasst und gestaltest eigenständig einen neuen Text. So sollst du etwa einen Text ergänzen, eine Geschichte aus der Perspektive einer anderen Figur erzählen, ein Textgeschehen kommentieren oder einen Text in eine andere Gattung umwandeln, z. B. eine Kurzgeschichte in ein kurzes Drama mit aktiv handelnden Personen. In der Regel ersetzt eine Aufgabe zum *creative writing* die Erörterung.

Operator	Bedeutung
Write ...	die in dem Arbeitsauftrag geforderte Textsorte erstellen, z. B. *interview, newspaper article, letter to the editor*
Imagine ... ***Invent ...*** ***Guess ...***	in eine neue Situation oder fremde Rolle schlüpfen und mithilfe der Vorstellungskraft Imaginäres in Sprache fassen

2 Ausgangstext erfassen

Merkmale der Vorlage erarbeiten

Beim Verfassen eines kreativen Textes musst du dir zunächst über die formalen, sprachlichen und inhaltlichen Merkmale der Vorlage klar werden. In der Regel hast du die Aspekte des Ausgangstextes bereits in der Textverständnis- und der Analyseaufgabe herausgearbeitet.

- Erfasse zunächst die literarische Textvorlage hinsichtlich inhaltlicher, sprachlich-stilistischer und gattungsspezifischer Aspekte (vgl. S. 5 ff., 16 ff., 24 ff.).
- Bei Sachtexten setzt du dich argumentativ mit der Vorlage auseinander (siehe S. 37 ff.).

Inhaltlich bedeutsame Aspekte herausfinden

Je nach Aufgabenstellung suchst du nun die inhaltlichen Aspekte in der Textvorlage, die für das Schreiben deines Zieltexts von Bedeutung sind.

- Wenn du einen **Text ergänzen** musst: Kläre die Ausgangssituation. Wer handelt wie in welcher Situation? Welche Konsequenzen ergeben sich aus dieser Personenkonstellation für das weitere Geschehen, das du nun gestaltest?
- Wenn du die **Perspektive wechseln** musst: Welche logischen Konsequenzen ergeben sich aus der jeweiligen Erzählperspektive? Wer weiß was warum bzw. warum nicht? Welche Konsequenzen hat das Handeln der Hauptfigur für die anderen Figuren?
- Wenn du einen **Text formal umwandeln** musst: Bestimme die Textgattung des Ausgangstexts korrekt. Benenne die inhaltlich bedeutsamen Aspekte, um diese korrekt zu übernehmen.
- Wenn du ein **Textgeschehen kommentieren** musst: Wähle passende Erzählungen, Belege oder Beispiele aus der Textvorlage, die deine Aussagen bzw. Argumente untermauern.

AUFGABE 1 *What kind of text is George W. Bush's 9/11 TV address? What is it about?*

3 Zieltext verfassen

Kriterien des Zieltexts abrufen

- Rufe zunächst die dir bekannten formalen Kriterien der Zieltextform (z. B. *diary, letter, interior monologue* etc.) ins Gedächtnis, innerhalb derer du frei schreiben sollst.
- Sammle ausreichend Ideen: Überlege mögliche, zum Text passende Handlungen oder Gedanken.
- Nimm bei einer literarischen Vorlage Figuren aus dem vorgegebenen Text und überlege dir, wie du sie innerhalb des Zieltextes anschaulich ausgestalten kannst.

Einen kreativen Text verfassen

Wenn du anknüpfend an einen Textausschnitt einen **Text ergänzen** sollst, gibt es mehrere Möglichkeiten:

- Wenn du eine **Vorgeschichte** erfinden sollst, achte darauf, dass du sie so konstruierst, dass der vorliegende Text logisch anschließt.
- Wenn du eine Alternative zum **Textende** finden oder einen Text fortführen *(continuation)* sollst, berücksichtige, dass das neue Textende einen logischen Bezug zu den handelnden Charakteren sowie den bisherigen Geschehnissen aufweist und nahtlos an den vorgegebenen Text anknüpft.
- Insbesondere Kurzgeschichten, aber auch viele Novellen und Romane verweisen z. B. durch Andeutungen in Gesprächen ihrer Protagonisten auf Ereignisse, die der Erzähler dem Leser vorenthält. Wenn du eine solche **Leerstelle kreativ füllen** sollst, achte darauf, dass deine Schilderungen einen logischen Bezug zu den bereits vom Autor vorgegebenen Ereignissen haben und die Personen in ihren jeweiligen Handlungen authentisch bleiben.

Wenn du anknüpfend an einen vorliegenden Textausschnitt oder mit Bezug auf einen bekannten Text ein **Geschehen aus einer anderen Perspektive schildern** sollst *(telling from a different point of view)*, schilderst du das Geschehen aus der Sicht einer anderen Figur.

- Je nach Aufgabenstellung kann das eine im Ausgangstext vorkommende Figur sein, etwa eine Nebenfigur. Oder du schaffst eine Gegenfigur zur Hauptfigur.
- Verwende wörtliche Rede, um Personen lebendiger zu gestalten.
- Wähle die Sprachebene passend zur Figur und zu deren Charakter.

Wenn du **einen Text formal umschreiben,** also z. B. eine Kurzgeschichte in ein kurzes Drama mit aktiv handelnden Personen oder eine Short Story oder eine Schlüsselszene eines Romans in ein Drehbuch *(film script)* verwandeln sollst, ist es wichtig, die inhaltlich bedeutsamen Aspekte des Ausgangstextes an die formalen Vorgaben des Zieltextes anzupassen.

- Was ist die wesentliche Aussage des Ausgangstextes? Dieselbe Aussage sollte auch der Zieltext haben.
- Welche Aspekte des Ausgangstextes lassen sich in dem neuen Format darstellen und wie? Im Film oder im Drama fehlt z. B. in der Regel die vermittelnde Instanz des Erzählers, der z. B. den Schauplatz und dessen Atmosphäre oder die Gedanken der Figuren beschreibt. Daher musst du für diese Aspekte andere Vermittlungswege finden. Gedanken oder inneren Monolog kannst du z. B. in ein Selbstgespräch umwandeln.
- Auf welche Einzelheiten des Ausgangstextes kann verzichtet werden, ohne seine Aussage zu verändern? Es lassen sich vor allem solche Erzählabschnitte leicht filmisch oder auf der Bühne darstellen, die auch szenisch erzählt werden, also etwa Dialoge. Ereignisse eines längeren Zeitraums, die der Erzähler zusammenfasst, müssen in den Figurendialog transportiert und dort erwähnt werden, wenn sie für die Szene wichtig sind.

Gedichte als Ergebnis des *creative writing* setzen keine Perfektion in Form und Stil voraus. Wichtig ist, dass du deine spontanen oder ganz persönlichen Äußerungen zu dem Thema in eine rhythmische Form bringst und/oder *stylistic devices* als Gestaltungsmittel benutzt.

- Sortiere deine Einfälle, Schlagwörter, Begriffe usw. zu dem Thema nach ihrem Klangmuster. Gibt es Wörter die sich reimen? Baue mehrere Zeilen mit demselben Zeilenanfang (*anaphora*, vgl. S. 12).
- Du kannst Wörter auch in freien Rhythmen und ungleich langen Versen anordnen.

Deinen Text sinnvoll verbessern

Nachdem du deinen Text verfasst hast, ist es wichtig, den fertigen Text zu verbessern.

- Lies zunächst deinen fertigen Text gründlich durch.
- Achte auf inhaltliche Richtigkeit: Formuliere den Text um, falls du Unstimmigkeiten oder logische Brüche entdeckst.
- Lege besonderes Augenmerk auf fließende Übergänge.
- Überprüfe Anfang und Schluss deines Textes: Ist die Einleitung gelungen? Bekommt der Leser die zum Textverständnis notwendigen Informationen geliefert? Sind die Bezüge der Ereignisse zueinander logisch? Steht das Ende des Textes im Einklang mit Titel, Thema, Aussage und Stimmung des Textes? Rundet der Schluss den Text angemessen ab?

AUFGABE 2 *Your task is to write the beginning of a short story which is about the family of one of the victims of the terrorist attack. Present the features of the short story and collect ideas what your story could be about.*

Argumentative Essay

1 Aufgabenstellung erfassen

- Arbeitsauftrag
- Operatoren

2 Stoffsammlung anlegen

- Hintergrundwissen aktivieren
- Inhalte und Argumente sammeln

3 Argumente formulieren und ordnen

- Argumente und Gegenargumente finden
- Argumente ordnen

4 Argumentationsstrategie erarbeiten

- Pro-und-Kontra-Argumentation
- Steigernde Argumentation

5 Gliederung und Verfassen deines Aufsatzes

- Einleitung
- Hauptteil
- Schluss

1 Aufgabenstellung erfassen

Arbeitsauftrag

Sogenannte Evaluationsaufgaben verlangen von dir, in einem ***argumentative essay*** oder ***comment*** einen Text kritisch zu bewerten, eine vorgegebene Meinung zu hinterfragen, eine eigene, begründete Stellungnahme zu einer offenen Frage abzugeben oder dich mit einem Sachverhalt argumentativ auseinanderzusetzen. Häufig geht dem Arbeitsauftrag oder der Fragestellung eine Behauptung oder ein Zitat voraus. Die Frage kann sowohl auf ein **Sachthema (Problemerörterung)** als auch auf ein **literarisches Thema** Bezug nehmen.

Operatoren

Im Arbeitsauftrag weisen dich Operatoren darauf hin, was von dir verlangt wird. Bestimme zunächst, was die Operatoren bedeuten, und überlege, was genau erörtert werden soll.

Operator	Bedeutung
Evaluate …	anhand definierter Maßstäbe und Kriterien eine Entscheidung oder Vorgehensweise objektiv auf ihre Eignung untersuchen
Discuss …	zu einer Ausgangsthese mindestens zwei Standpunkte sowie deren Argumentation aufführen, gegeneinander abwägen und abschließend mit eigenem Urteil begründen
Comment on …	Meinung zu einem Thema darstellen und mit Beispielen und Argumenten begründen
Assess …	Abwägen aller Vor- und Nachteile einer Sache; objektive Schlussbewertung
Justify …	Handlungszusammenhang einer Entscheidung erläutern, Gründe zur Rechtfertigung nennen und vertiefen; manchmal ist die subjektive Begründung aus der Sicht einer Person verlangt
Compare …	Unterschiede und Gemeinsamkeiten nach Sachkriterien bestimmen
Contrast …	Hauptunterschiede darlegen und begründen; häufig sind diese nicht die in den Texten explizit genannten Unterschiede, sondern solche, die durch Einbeziehung von Vorkenntnissen auffallen

2 Stoffsammlung anlegen

Hintergrundwissen aktivieren

Überlege, welches Vorwissen du zu dem Thema hast.

- Wurde das Thema bereits im Unterricht behandelt? Kennst du es aus eigener Erfahrung?
- Welche Aspekte, Fragestellungen, Positionen etc. zum Thema sind dir bekannt?
- Handelt es sich um ein **literarisches Thema,** überlege, welches Hintergrundwissen du hast. Was weißt du zum literarhistorischen Hintergrund, zum Autor, zur Epoche? Kennst du relevante Werke oder Texte zu dem Thema? Sammle je nach Fragestellung Einzelheiten zu Motiven, Stoffen, literarischen Figuren usw.

Inhalte und Argumente sammeln

Um Inhalte, Ideen, Assoziationen oder Argumente zu sammeln und zu sichten, hast du verschiedene Möglichkeiten. Bewährt haben sich zwei Verfahren des Brainstormings.

- Das **Clustering** hilft, sich in ein neues Thema hineinzudenken. Sammle spontan Begriffe zu dem jeweiligen Thema. So gewinnst du einen Überblick über dein Wissen zu dem Thema und löst weitere Einfälle und Assoziationen aus.
- Um vorhandenes Material zu strukturieren, bietet sich die **Mindmap** an. Hierbei ordnest du die Begriffe in ihrer Beziehung zueinander an, z. B. als Gegensätze, übergeordnete oder untergeordnete Begriffe, Ursache und Wirkung. Die Beziehungen und Hierarchien skizzierst du als Abzweigungen rund um den Kernbegriff. Eine Mindmap ist hervorragend als Vorstufe zur Gliederung geeignet.

AUFGABE 1 *What do you know about globalization?*

3 Argumente formulieren und ordnen

Argumente und Gegenargumente finden

Arbeite **deine Position** heraus, formuliere These und Gegenthese, überlege dir Argumente und Gegenargumente und ordne sie nach ihrer Wichtigkeit.

- Wie stehst du zum gefragten Sachverhalt?
- Welche Argumente *(arguments, pros)* und Gegenargumente *(counter-arguments, cons)* fallen dir zu der Frage ein? Wie lassen sich die Argumente thesenartig formulieren?
- Überlege, welche Aspekte und Punkte deiner **Materialsammlung** für die Aufgabe wichtig sind. Welche lassen sich deinen Thesen und Argumenten als Begründungen, Belege und Beispiele zuordnen?

WISSEN **These und Argument**

Ein **Argument** begründet eine **These** und wird in der Regel mit einem **Beweis** bzw. einem **Beispiel** untermauert.

Argumente ordnen

Ordne Thesen und Argumente entsprechend ihrer Bedeutung und erstelle eine Rangfolge. Welches Argument ist das wichtigste bzw. stärkste? Welche Argumente sind weniger stark?

AUFGABE 2 *Find negative and positive consequences of globalization.*

4 Argumentationsstrategie erarbeiten

Entscheide, welcher Argumentationstyp sich für die Aufgabe am besten eignet. Je nach Fragestellung bieten sich zwei unterschiedliche Typen an.

Pro-und-Kontra-Argumentation

Die häufigste Form der freien Erörterung ist die Pro-und-Kontra-Argumentation (dialektische Argumentation bzw. Erörterung). Dabei geht es darum, Argumente für zwei gegensätzliche Positionen gegeneinander abzuwägen.

WISSEN **Wann ist eine Pro-und-Kontra-Erörterung geeignet?**

- Das Thema ist als **Behauptung, Forderung** oder **Entscheidungsfrage** formuliert.
- Zum zugrunde liegenden Sachverhalt gibt es unterschiedliche Positionen (Pro- und Kontra-Argumente), die gegeneinander abgewogen werden.
- Ziel ist eine Stellungnahme zu einem Problem bzw. zu einer Themafrage.
- Diese Form bietet sich in der Regel für Problemerörterungen an.

Im Hauptteil der Pro-und-Kontra-Erörterung stellst du die Argumente der gegensätzlichen Positionen vor und stützt sie mit Beispielen, Belegen oder Zitaten. Für die **Gliederung des Hauptteils der Pro-und-Kontra-Erörterung** hast du verschiedene Möglichkeiten, je nachdem, wie du die Pro- und Kontra-Argumente einander gegenüberstellst.

Die Argumentation im Block

- Lege zu Beginn die Antithese, also den Kontra-Standpunkt, offen.
- Führe dann die verschiedenen passenden Argumente aus und ordne sie sowie die zugehörigen Belege und Beispiele nach abnehmender Wichtigkeit.
- Formuliere eine Überleitung zum Pro-Standpunkt.
- Dann formulierst du die These, also den Pro-Standpunkt.
- Ordne die Gründe und Belege sowie die passenden Beispiele nach zunehmender Wichtigkeit an. Das wichtigste und schlagkräftigste Argument deiner Argumentationskette steht am Schluss: Es bleibt so dem Leser am besten in Erinnerung und erleichtert ihm die Zustimmung zu deiner Argumentation.

Die wechselseitige Argumentation

- Formuliere zunächst eine Einleitung, in der du These und Antithese kurz offenlegst. Argumentiere nun immer abwechselnd, indem du zunächst ein Argument formulierst, das die These (also den Pro-Standpunkt) stützt, und entkräfte sodann dieses Argument mithilfe eines passenden Gegenarguments, das die Antithese untermauert. Verfahre so mit jedem weiteren Argument.
- Achte darauf, dass auch bei der wechselseitigen Argumentation das wichtigste und schlagkräftigste Argument am Schluss steht.

Steigernde Argumentation

Bei der steigernden Argumentation (lineare Argumentation bzw. Erörterung) betrachtest du nur eine Seite des Problems. Dazu baust du die Argumente der Wichtigkeit nach aufeinander auf, sodass das stärkste Argument am Schluss steht. Stütze die Argumente mit Beispielen, Belegen oder Zitaten. Gegenargumente bringst du (wenn überhaupt) nur am Rande ein, um Bedenken gegen deine Argumente auszuräumen.

WISSEN **Wann ist eine steigernde Erörterung geeignet?**

- Das Thema ist als **Sach- oder Ergänzungsfrage** formuliert **(W-Fragen).**
- Der Sachverhalt ist meist unstrittig.
- Argumente und Sachurteile werden zusammengetragen und mit stichhaltigen Begründungen und Beispielen versehen.
- Ziel ist die Darstellung und Beurteilung eines Problems bzw. einer Themafrage.
- Häufig findet sich eine Gliederung nach Ursachen, Folgen und Konsequenzen.
- Diese Form bietet sich in der Regel bei literarischen Erörterungsthemen an.

5 Gliederung und Verfassen deines Aufsatzes

Einleitung

In der Einleitung *(introduction)*, die etwa ein Viertel deines Aufsatzes umfassen sollte, führst du zum Thema hin, z. B. durch einen Verweis auf die Bedeutung und die Aktualität der Themenstellung. Vermeide eine zu abstrakte Einleitung, die den Leser weder motiviert noch zum Thema hinführt. Wähle stattdessen einen griffigen und anschaulichen Einstieg. Anschließend zeigst du die gegensätzlichen Positionen der Frage auf und formulierst These und Gegenthese.

Hauptteil

Im Hauptteil *(main part)* stellst du die Thesen und Argumente vor, je nachdem, für welche Argumentationsstrategie du dich entschieden hast (siehe Schritt 4). Achte auf folgende Aspekte, um deine Position zu verdeutlichen:

- Widme jedem Argument einen eigenen **Absatz.** Beginne den Absatz mit einem ***topic sentence,*** in dem du das Argument kurz vorstellst.
- Vermeide Gedankensprünge, Widersprüche, Abschweifungen.
- Vermeide wenig stichhaltige Begründungen, die möglichen Einwänden nicht standhalten können.
- Achte auf eine **angemessene sprachliche Darstellung:** Wähle einen neutralen Stil *(neutral style)* und einen sachlichen bis überzeugenden Ton *(factual, persuasive tone)*. Die Zeitform ist in der Regel *present tense*.

Schluss

Im Schlussteil *(conclusion)*, der etwa ein Viertel deines *argumentative essay* ausmacht, rundest du deine Argumentation ab; hier werden keine neuen Argumente mehr formuliert. Wäge die Argumente des Hauptteils zusammenfassend ab.

- Hast du eine **Pro-und-Kontra-Erörterung** verfasst, entscheide dich für die These oder Gegenthese, wobei dies durchaus mit Einschränkungen geschehen kann.
- Hast du eine **steigernde Erörterung** verfasst, greife den Gedanken aus der Einleitung wieder auf und beantworte die Frage abschließend.

Texte sprachlich vermitteln

Übersetzung

1 Erste Lektüre

- Lektüre und inhaltlicher Überblick
- Überblick über stilistische Besonderheiten

2 Textvorlage bearbeiten

- Markieren

3 Bedeutung erkennen

- Techniken der Worterschließung
- Arbeit mit dem Wörterbuch

4 Den Text übersetzen

- Arbeitsschritte
- Besondere Satzstrukturen
- Redewendungen
- *Confusables*
- *False friends*
- Eigennamen und Fremdwörter

5 Korrektur lesen und vergleichen

- Sprachliche Überarbeitung
- Vergleich mit der Vorlage

MATERIAL

The Lost War on Poverty

In 1963 Martin Luther King published an impassioned essay called "Why We Can't Wait". The subject was segregation, but even at that early date King understood that his real mission was broader social and economic change. 'In the separate culture of poverty in which the half-educated Negro lives, an economic depression rages today,' he said. The solution for that, King realized, would be very complicated.
Twenty years after his death, millions of Americans, black and white, have given up waiting altogether. The war on poverty – one aim of the civil rights movement – has almost been lost. Worse, the moral energy to continue the battle has been weakened by complacency and an appalling game of fingerpointing. Year after year, the agony of the underclass has been seen as the blacks' problem, the government's problem, but not everyone's. The long road back to commitment will not be easy. Ronald Reagan, who owes his two electoral victories almost exclusively to white voters, was determined to leave the issue alone when he came to office.

1 Erste Lektüre

Lektüre und inhaltlicher Überblick

Lies den gesamten **Originaltext** inklusive der **Überschrift** und der **Anmerkungen** (falls vorhanden) ein erstes Mal aufmerksam durch. Dabei verschaffst du dir einen ersten groben Überblick über den Text.

- Worum geht es thematisch?
- Was sind die Kernaussagen?

Überblick über stilistische Besonderheiten

Achte schon bei der ersten Lektüre auf stilistische Besonderheiten, die bei der Übersetzung problematisch sein könnten.

- Verwendet der Text viele rhetorische Mittel, Fremdwörter, Eigennamen oder Redewendungen?
- Gibt es viele Satzstrukturen, die man nicht wörtlich ins Deutsche übersetzen kann, z. B. *contact clauses* oder *ing*-Formen?

AUFGABE 1 *Read the text "The Lost War on Poverty" thoroughly and outline what the text is about.*

2 Textvorlage bearbeiten

Markieren

Lies den Text ein zweites Mal durch und verschaffe dir einen Überblick über unbekannte Wörter und schwierige Satzkonstruktionen. Markierungen, die du während des Lesens machst, helfen dir später, Wichtiges wiederzufinden.

- Markiere **unbekannte Wörter,** die du evtl. nachschlagen musst. Schlage sie aber noch nicht nach.
- Markiere mit einer anderen Farbe **Satzkonstruktionen,** die man nicht wörtlich ins Deutsche übersetzen kann, z. B. *contact clauses* oder *ing*-Formen.
- Damit es nicht unübersichtlich wird, markiere **sparsam und gezielt:** Hebe nur die **Kernbegriffe** hervor, nicht ganze Zeilen. Wenn du mehrere Zeilen kennzeichnen willst, mache lieber eine zusammenfassende **Randnotiz.**

AUFGABE 2 *Make a list with the words you are not familiar with.*

3 Bedeutung erkennen

Versuche nun, die Bedeutung der „problematischen" Wörter und Satzstrukturen zu erkennen. Notiere dir die entsprechende Bedeutung am Rand, um während des Übersetzens nicht noch einmal nachschlagen bzw. nachdenken zu müssen und keine wertvolle Zeit zu verlieren.

Techniken der Worterschließung

Manchmal gibt es Wortangaben am Ende des zu übersetzenden Textes, die unbekannte Wörter erklären oder übersetzen. Beachte stets diese Angaben. Wende zum Verständnis der übrigen dir unbekannten Wörter deine Worterkennungsfertigkeiten *(word recognition skills)* an.

WISSEN **Unbekannte Wörter erschließen**

- **Den Kontext erkennen:** Die Informationen aus dem Titel, die Illustrationen und der Textzusammenhang geben dir einen Orientierungsrahmen, in dem du neuen Wörtern schnell eine Bedeutung zuordnen kannst, z. B. *The kidnappers demanded a ransom of one million Dollars. – ransom* = Lösegeld.
- **Bekanntes Wissen nutzen:** Viele englische Wörter werden in ähnlicher Form im Deutschen oder ggf. in einer anderen Fremdsprache, die du kennst, verwendet, z. B. engl. *to invade* – dt. Invasion; engl. *to emancipate* – dt. sich emanzipieren, unabhängig machen. Meist sind das Lehnwörter aus dem Lateinischen oder Griechischen.
- **Begriffe einem Wortstamm zuordnen:** Betrachte den Wortstamm. Durch das Anfügen von Vor- oder Nachsilben entstehen verschiedene Ableitungen eines Wortes, die zu einer Wortfamilie gehören, z. B. *possession – to dispossess.*

Arbeit mit dem Wörterbuch

Wörter, die du nicht erschließen kannst, schlägst du im Wörterbuch nach. Beachte, dass viele Wörter **mehrere Bedeutungen** haben und du die richtige Bedeutung meist nur aus dem **Sinnzusammenhang** *(context)* heraus erschließen kannst. Die Beispielsätze und idiomatischen Redewendungen helfen dir dabei.

Ziehe das Wörterbuch vor allem in der Klausur nicht zu häufig zurate, da dies recht zeitaufwendig ist. Zuerst kommt der Kopf, dann das Wörterbuch!

WISSEN **Bestandteile eines Wörterbucheintrags**

- Jedem **Stichwort *(headword)*** folgen weitere Informationen zu Aussprache *(pronunciation)*, Grammatik *(grammar)*, Synonymen *(synonyms)*, zusammengesetzten Wörtern *(compounds)* und Wortableitungen *(derivatives)*.
- Die **Definitionen *(definitions)*** enthalten die verschiedenen Bedeutungen des Stichworts *(meaning of headwords)*, Beispiele für die Anwendung *(usage of headword by examples)* und idiomatische Redewendungen *(idioms and phrasal verbs)*.

AUFGABE 3 *Find out the meaning of the words you are not familiar with by using your word recognition skills.*

4 Den Text übersetzen

Arbeitsschritte

Du hast nun wichtige Vorarbeiten geleistet, jetzt kannst du mit der Übersetzung beginnen. Es kann sinnvoll sein, zuerst eine Rohfassung der Übersetzung auf Konzeptpapier zu erstellen und diese nach einer Überprüfung und Verbesserung zu übertragen.

- Arbeite dich **Satz für Satz** durch den Text. Vergiss nicht die Überschrift.
- Übersetze jeden Satz zunächst **im Kopf,** bevor du ihn zu Papier bringst. So vermeidest du lästige Korrekturen und Streichungen.
- Unterteile längere Sätze in Sinneinheiten, indem du zur Verdeutlichung im Text **senkrechte Striche** ziehst.
- Schreibe mit **doppeltem Zeilenabstand.** So kannst du nachträgliche Korrekturen sauber einfügen, ohne dass dein Text unübersichtlich wird.
- Achte darauf, dass du auch kleine **Füllwörter** (z. B. *actually, basically* oder *linking words* wie *and, but, so, otherwise, however, although* etc.) übersetzt.
- Lass niemals ganze Sätze aus, wenn eigentlich nur ein Wort unbekannt ist. Nutze dein einsprachiges Wörterbuch.

Besondere Satzstrukturen

Im Englischen gibt es eine Reihe grammatischer Strukturen, die du nicht wörtlich ins Deutsche übersetzen kannst. Für viele gibt es jedoch feststehende Umschreibungen.

Die ***-ing*-Form** wird in der Regel mit einem Nebensatz übersetzt. Die häufigsten verwendeten Nebensätze sind:

- **Temporalsatz:** *Having done the dishes, he watched TV.* Nachdem er abgewaschen hatte, sah er fern.
- **Kausalsatz:** *Being too exhausted, he did not come to his friend's party.* Da er zu erschöpft war, kam er nicht zu der Party seines Freundes.

- **Relativsatz:** *The woman shaking her head is my mother.* Die Frau, die gerade den Kopf schüttelt, ist meine Mutter.
- **Nebensatz der Art und Weise:** *They watched TV, eating Pizza.* Sie sahen fern und aßen dabei Pizza.

WISSEN **Übersetzen von Partizipialkonstruktionen**

Bei der Übersetzung einer Partizipialkonstruktion wird die **Zeitform des Verbs** aus dem Hauptsatz ersichtlich.
Manchmal ist unklar, ob das Partizip mit einem **Temporalsatz** oder einem **Kausalsatz** übersetzt werden muss. In diesem Fall ist es wichtig, auf den Kontext zu achten und sich für die logischere Variante zu entscheiden.
Seeing his ex-girlfriend, he hid behind the car.
- **Da** er seine Exfreundin sah, versteckte er sich hinter dem Auto. (kausal)
- **Als** er seine Exfreundin sah, versteckte er sich hinter dem Auto. (temporal)

Passive (Passiv): Das englische Passiv entspricht häufig einer deutschen Übersetzung mit dem unpersönlichen „man" oder „sollen".
- *The actor is said to be rather difficult to work with.* Der Schauspieler soll bei der Zusammenarbeit recht schwierig sein.
- *The employees were promised better working conditions.* Man versprach den Angestellten bessere Arbeitsbedingungen.

Reported speech (indirekte Rede): Achte bei der Übersetzung vom Englischen ins Deutsche darauf, den Konjunktiv richtig anzuwenden.
- *The man said that he was rather late.* Der Mann sagte, dass er ziemlich spät dran sei.

Contact clauses: Englische Relativsätze ohne Relativpronomen, werden im Deutschen in einen Nebensatz aufgelöst:
- *Is this the bike you bought yesterday?* Ist dies das Fahrrad, das du gestern gekauft hast?

Progressive tenses (Verlaufsformen):
- *She was reading a book when somebody knocked.* Sie las gerade ein Buch, als es klopfte.
- *Economic growth has been slowing down since the early nineties.* Das Wirtschaftswachstum verlangsamt sich seit den frühen 90er-Jahren.

Going-to future (Going-to-Futur):
- *The government is going to reduce taxes.* Die Regierung hat vor, die Steuern zu senken.
- *Whether this is going to happen remains to be seen.* Ob das tatsächlich passiert, muss abgewartet werden.

Redewendungen

Idiomatische Redewendungen *(idioms)* darfst du in der Regel **nicht wörtlich ins Deutsche** übersetzen.
- Redewendungen erkennst du in der Regel daran, dass sie wörtlich ins Deutsche übersetzt **keinen Sinn** ergeben.
- Erfasse zunächst den **Inhalt** bzw. Sinn der Redewendung.
- Suche anschließend eine **entsprechende deutsche Redewendung.** Die deutsche Entsprechung hat meist nichts mit dem englischen Original zu tun, z. B. *it's raining cats and dogs* wird etwa mit „es gießt in Strömen" übersetzt.

Confusables

Achte beim Übersetzen auf Wörter, die ähnlich aussehen oder klingen und die man daher leicht verwechseln kann.

English	Deutsch
Mary and John are very ***amiable*** *people.* *When they split, they had an* ***amicable*** *divorce.*	freundlich gütlich
I was rather ***anxious*** *before our first meeting.* *I was very* ***eager*** *to meet him.*	besorgt gespannt
People ***borrow*** *money before buying a car.* *Will you* ***lend*** *me the sum?*	(sich) leihen (ver-)leihen
She didn't seem ***conscious*** *of the fact that her husband had no* ***conscience****.*	bewusst Gewissen
There are ***continual*** *changes in our weather.* ***Continuous*** *emissions are the main problem.*	ständig andauernd
My favorite TV-show is ***currently*** *doing re-runs.* *The new episodes will begin* ***presently.***	zurzeit bald
The main aim is ***economic*** *growth.* *A bike is more* ***economical*** *than a car.*	Wirtschafts... sparsam
She was ***incredulous*** *that her friend could do such* ***incredible*** *things.*	ungläubig unglaublich
Modern societies are ***industrial*** *societies.* *Frank is a very* ***industrious*** *person.*	Industrie- fleißig
Why do you ***lie*** *down all day?* *The doctor* ***laid*** *him down very carefully.*	liegen legen
The ***moral*** *of the story is ...* *The* ***morale*** *of the team was lousy.*	Moral, Lehre Stimmung
Are you nervous about your ***oral*** *exams?* *She had to see an* ***aural*** *surgeon.*	mündlich Ohren...
He was hired by the ***personnel*** *office.* *They had a very* ***personal*** *relationship.*	Personal... persönlich
A mobile phone is a ***practical*** *thing.* *It's not* ***practicable*** *to use your mobile here.*	praktisch möglich
The school ***principal*** *spoke about the lack of moral* ***principles.***	Rektor Prinzip
I ***rise*** *slowly from the couch.* *My uncle* ***raises*** *pigs.*	aufstehen aufziehen
The painting is intense and quite ***sensuous.*** *To some it is a* ***sensual*** *experience.*	sinnenfreudig sinnlich

False friends

Achte beim Übersetzen auf englische Wörter, die deutschen Wörtern ähnlich sind, aber eine ganz andere Bedeutung haben, sogenannte *false friends*.

Deutsch	English	Deutsch	English
aktuell	*current, topical*	tatsächlich, wirklich	*actually*
Arzt	*physician*	Physiker	*physicist*
Benachrichtigung	*notice*	Notiz	*note*
dezent	*discreet*	anständig, ordentlich	*decent*
engagiert sein	*to be committed to*	besetzt, verlobt	*to be engaged*
eventuell	*possibly*	schließlich, endlich	*eventually*
Flur	*hall*	Fußboden	*floor*
gewöhnlich, üblich	*ordinary*	ordinär	*vulgar*
Gift	*poison*	Geschenk, Gabe	*gift*
konsequent	*consistent*	folglich, resultierend	*consequent*
Korn	*seed*	Getreide	*corn*
Meinung	*opinion*	Bedeutung	*meaning*
Mörder	*murderer*	Mord	*murder*
Naher Osten	*Middle East*	Mittlerer Osten	*South-Western Asia*
nicht müssen	*not to have to*	nicht dürfen	*must not*
pathetisch	*emotional*	mitleiderregend	*pathetic*
Quittung	*receipt*	Rezept	*prescription, recipe*
sensibel	*sensitive*	vernünftig	*sensible*
skrupellos	*unscrupulous*	gewissenhaft	*scrupulous*
spenden	*donate*	ausgeben	*spend*
Sympathie	*liking*	Mitleid	*sympathy*
Technik	*technology*	Verfahren	*technique*
übersehen	*to fail to notice*	überwachen	*to oversee*
überhören	*to miss, to ignore*	zufällig mitanhören	*to overhear*
Unternehmer	*employer*	Leichenbestatter	*undertaker*
sich wundern	*to be surprised*	sich fragen	*to wonder*

Eigennamen und Fremdwörter

Achte bei der Übersetzung auf **Eigennamen.** Manchmal gibt es eine deutsche Entsprechung, manchmal nicht.

- Aus dem Begriff *amnesty international* wird beispielsweise auf keinen Fall „Internationale Amnestie“, sondern der Name der Organisation wird genauso in die Übersetzung übernommen. Aus dem Ausdruck *United Nations* wird jedoch die „Vereinten Nationen“.
- Ländernamen werden immer übersetzt, z. B. *Great Britain* – „Großbritannien“. Abkürzungen von Ländernamen, die im Deutschen nicht gebräuchlich sind, werden aufgelöst, z. B. *UK* – „Vereinigtes Königreich“ oder „Großbritannien“.

Es gibt keine allgemeine Regel, wann ein **Fremdwort** eingedeutscht wird und wann nicht. Übersetze ein Fremdwort dann ins Deutsche, wenn es eine in der Alltagssprache akzeptierte deutsche Entsprechung gibt. Für *globalization* beispielsweise gibt es im Deutschen den Begriff „Globalisierung“, für *e-mail* hat sich jedoch kein deutsches Wort durchgesetzt.

AUFGABE 4 *Identify the parts of the text that are difficult to translate. Find appropriate solutions.*

5 Korrekturlesen und vergleichen

Sprachliche Überarbeitung

Lies dir deine gesamte Übersetzung als **eigenständigen Text** durch, um **Abstand vom Original** zu gewinnen.

- Ist dein Text in verständlichem und **korrektem Deutsch** geschrieben?
- Stimmen **Rechtschreibung** und **Zeichensetzung?**
- Klingt dein Text idiomatisch und ist er **flüssig** zu lesen?
- Klingt ein Satz oder ein Abschnitt **merkwürdig, falsch oder unlogisch,** solltest du noch einmal prüfen, ob du ihn korrekt übersetzt hast. Es kann auch sinnvoll sein, nach Synonymen einzelner Wörter zu suchen oder den kompletten Satz zu paraphrasieren, z. B.: *Unless there is any other business, we can end the meeting.* Falls nichts Wichtiges mehr ansteht, können wir die Besprechung abschließen.

Vergleich mit der Vorlage

Vergleiche deine Übersetzung abschließend unbedingt mit der englischen Vorlage.

- Stimmen die Zeiten, der Gebrauch der Pronomen etc.?
- Ist deine Übersetzung vollständig? Hast du den ganzen Text einschließlich Überschrift übersetzt? Hast du keins der Füllwörter übersehen?

AUFGABE 5 *Translate “The Lost War on Poverty” into a correct German text.*

Texte sprachlich vermitteln

Mediation

1 Aufgabenstellung erfassen

- Arbeitsauftrag

2 Textvorlage bearbeiten

- Inhaltlicher Überblick
- Den Text verstehen
- Informationen ordnen

3 Mediationstext verfassen

- Einleitung und Überschrift
- Hauptteil
- Schluss

4 Mediationstext überarbeiten

- Vergleich mit der Aufgabenstellung
- Sprachliche Überarbeitung
- Textlänge prüfen

1 Aufgabenstellung erfassen

Arbeitsauftrag

Bei der Mediation *(mediation)* wird von dir verlangt, den Inhalt eines Textes zusammenzufassen und sinngemäß in eine andere Sprache zu übertragen. Im Gegensatz zur Übersetzung *(translation)* musst du die Inhalte und sprachlichen Strukturen nicht wörtlich wiedergeben. Der von dir zu verfassende Text ist daher kürzer und kompakter als der Ausgangstext.

Lies die Aufgabenstellung sorgfältig und markiere Schlüsselwörter zu folgenden Aspekten:

- **Adressat und Kontext:** An wen richtet sich dein Text und was ist die Situation, in der die Mediation gebraucht wird?
- **Textsorte:** Welche Textsorte sollst du erstellen? Was bedeutet das für Sprachregister, Stil und Form? Für einen Artikel für eine Schülerzeitschrift brauchst du z. B. eine Überschrift, eine Einleitung und einen Schlussteil.
- **Inhalt:** Gibt es Vorgaben, welche Aspekte dein Text abdecken soll (z. B. Vor- und Nachteile, Pro- und Kontra-Argumente o. Ä.)?
- **Länge deines Textes:** Ist die Zahl der Wörter vorgegeben? In der Regel soll dein Text etwa ein Drittel des Ausgangstextes umfassen. Du solltest die vorgegebene Länge nicht um mehr als zehn Prozent über- oder unterschreiten.

2 Textvorlage bearbeiten

Inhaltlicher Überblick

Lies den gesamten **Originaltext** inklusive der **Überschrift** ein erstes Mal aufmerksam durch. Wende dabei die Lesetechnik *skimming* (vgl. S. 68) an. Dabei verschaffst du dir einen ersten groben Überblick über den Text.

- Worum geht es thematisch?
- Was sind die Kernaussagen?

Den Text verstehen

Gehe nun den Text Abschnitt für Abschnitt durch. Wende dabei die Lesetechniken *intensive reading* und *scanning* (vgl. S. 68) an.

- Schlage **unbekannte Wörter** nur dann nach, wenn sie für das Verständnis unbedingt notwendig sind. Oft ist es nicht wichtig, jedes Wort zu kennen, um den Sinn eines Textes zu verstehen.
- Finde **Überschriften** bzw. **Oberbegriffe** für die entsprechenden Textabschnitte. Worum geht es in den einzelnen Absätzen? Wie wird argumentiert? Was ist der rote Faden?
- Notiere oder markiere ***key words*** zu den einzelnen Absätzen.
- Suche nach Informationen, die **für die Aufgabenstellung relevant** sind. Irrelevante Passagen kannst du durchstreichen, so bekommst du einen besseren Überblick.
- Fasse die wichtigsten **Aussagen und Fakten des Textes** knapp in Englisch zusammen, wenn du einen deutschen Ausgangstext bearbeitest.
- **Markierungen,** die du während des Lesens machst, helfen dir später, Wichtiges wiederzufinden. Markiere sparsam und gezielt, damit es nicht unübersichtlich wird. Hebe nur die Kernbegriffe hervor, nicht ganze Zeilen. Wenn du mehrere Zeilen kennzeichnen willst, mache lieber eine zusammenfassende Randnotiz.

WISSEN **Die wichtigsten Lesetechniken**

- ***Skimming* (orientierendes Lesen):** Das oberflächliche Lesen bzw. Überfliegen eines Textes liefert einen Überblick und einen ersten Eindruck vom Text. Wenn du einen Text überflogen hast, solltest du in der Lage sein, Fragen nach dem Thema *(What is the text about?)* knapp beantworten zu können.
- ***Intensive reading* (detailliertes Lesen):** Das gründliche, intensive Lesen eines Textes ist Voraussetzung dafür, Fragen zum Inhalt, zum Aufbau und zur Struktur eines Textes sinnvoll und richtig beantworten zu können. In der Phase des *intensive reading* ist es sinnvoll, im Text Unterstreichungen und Randnotizen anzubringen.
- ***Scanning* (suchendes Lesen):** Die Suche nach spezifischen, detaillierten Informationen erfordert ein suchendes Lesen, das dem Auffinden bestimmter Schlüsselbegriffe dient. Auf diese Technik wirst du etwa im Laufe einer Textanalyse immer wieder zurückgreifen, um z. B. Textbelege zu finden, die deine Aussagen stützen bzw. widerlegen können.

Informationen ordnen

Vergleiche deine Stichpunkte noch einmal mit der Aufgabenstellung. Bündele zusammengehörige Aussagen und streiche Punkte, die unwesentlich für die Aufgabenstellung sind. Ordne die einzelnen Inhaltspunkte sinnvoll und logisch an, z. B. analog zur Auflistung im Originaltext oder chronologisch oder nach der Argumentationsstruktur (These – Argument – Beispiel). Orientiere dich beim Schreiben an dieser Struktur.

3 Mediationstext verfassen

Einleitung und Überschrift

Finde eine **Überschrift** für deinen Text. Sie muss das Thema des Textes treffend zusammenfassen.
Formuliere den **einleitenden Satz** *(umbrella sentence)* für deinen Text. Er enthält

- die **Grundinformationen des Ausgangstextes** wie Titel, Autor, Angaben zur Veröffentlichung (bei Zeitungstexten und literarischen Texten) sowie das Thema,
- Angaben zum **Adressat** deines Textes (außer er wurde in der Anrede, etwa beim Brief, bereits genannt) und den Grund des Schreibens.

Hauptteil

Formuliere den Mediationstext sprachlich korrekt und knapp. Verwende eine angemessene Sprachebene. In der Regel bietet sich das „neutrale“ Register an. Vermeide Slang (*gonna, wanna* etc.) oder übertriebene Umgangssprache, aber auch zu formelle Wörter.

Behandle die in der Aufgabenstellung geforderten Inhaltspunkte jeweils in einem eigenen **Absatz.** Der erste Satz jedes Absatzes *(topic sentence)* fasst den Inhalt des Absatzes in allgemeiner Form zusammen.

Schreibe deinen Text in der **Zeit,** in der auch der Ausgangstext verfasst ist. Auf keinen Fall darfst du deinen Text z. B. in einer *past*-Zeit verfassen, obwohl der Ausgangstext in der Gegenwart geschrieben ist.

Verwende **Oberbegriffe,** wenn der Ausgangstext zu detailliert ist. Enthält der Text etwa Aussagen von verschiedenen Wissenschaftlern wie Professoren, Ingenieuren, Physikern etc., fasse diese Personen einfach als *experts* zusammen.

Behalte **Distanz** zu dem Ausgangstext. Wertungen oder emotionale Aussagen des Textes kannst du reflektiert wiedergeben, das heißt kennzeichnen, dass der Autor an einer bestimmten Stelle wertet usw. Ergreife jedoch keinesfalls Partei oder äußere deine Meinung, sondern bleibe neutral.

Verwende **keine beleidigenden** oder **wertenden Begriffe** oder Schimpfwörter aus dem Ausgangstext, sondern mildere sie ab *(downgrading)*, z. B. „Er ist ein totaler Schwachkopf." – *"He is a clumsy person."*

Gib ggf. **Erklärungen** zum geschichtlichen, kulturellen etc. Hintergrund eines Sachverhalts. Wenn dein Adressat z. B. *a 16 year old teenager in San Francisco* ist, musst du bedenken, dass er möglicherweise nichts über Deutschland weiß und du bestimmte Sachverhalte ergänzend erklären musst.

Erläutere **fachsprachliche Begriffe** oder **Slangbegriffe** bzw. versuche normalsprachliche Entsprechungen zu finden. Z. B. „Die Wirtschaft geht den Bach runter." – *"The economic situation is getting worse."*

Schluss

Bei einer Mediation gibt es keine Zusammenfassung oder persönliche Stellungnahme. Je nachdem, welche Textsorte du für die Mediation wählen sollst, musst du die Texte jedoch entsprechend abrunden, z. B. mit einer Grußformel bei Brief oder E-Mail.

4 Mediationstext überarbeiten

Vergleich mit der Aufgabenstellung

Nachdem du deinen Mediationstext verfasst hast, gleichst du ihn noch einmal mit der **Aufgabenstellung** ab und prüfst, ob alle in der Aufgabe genannten Aspekte abgedeckt sind.

- Entspricht der Text der vorgegebenen Situation?
- Wendet er sich klar an den oder die genannten Adressaten?
- Entspricht die Form den textsortenspezifischen Anforderungen?
- Sind Sprachniveau und Stil der Textsorte angemessen?

Sprachliche Überarbeitung

Zum Schluss liest du deinen Mediationstext als eigenständigen Text sorgfältig durch, kontrollierst seinen Aufbau, korrigierst ihn und gibst ihm sprachlich den letzten Schliff. Achte auf folgende Aspekte:

- Enthält der Text Rechtschreib- oder Grammatikfehler? Sind die Eigennamen korrekt geschrieben? Stimmen die grammatischen Zeiten, Pronomen, Präpositionen etc.?
- Ist der Text klar aufgebaut und sinnvoll strukturiert?
- Ist der Text zusammenhängend und flüssig formuliert? Ist das Vokabular abwechslungsreich? Sind die Sätze logisch miteinander verknüpft?

Textlänge prüfen

Prüfe die Textlänge. Die Länge deines Mediationstexts sollte etwa ein Drittel des Ausgangstexts betragen, wenn in der Aufgabenstellung nichts angegeben ist, bzw. nicht mehr als zehn Prozent von der in der Aufgabenstellung angegebenen Wörterzahl abweichen.

WISSEN **Wörter zählen**

Um die **Anzahl der Wörter zu ermitteln,** zählst du die Wörter in drei bis vier typischen Zeilen und errechnest den Durchschnitt. Anschließend multiplizierst du die Zahl mit der Anzahl der Zeilen.

Ist dein Text zu lang, musst du kürzen. **Kürzungen** bieten sich an folgenden Stellen an:

- Lass überflüssige Beispiele weg und formuliere stattdessen allgemeiner.
- Prüfe, ob es Passagen des Ausgangstexts gibt, die für die verlangte Textübertragung gar nicht relevant sind.
- Verkürze Satzgefüge durch Partizipialkonstruktionen.
- Ersetze umständliche Formulierungen durch kürzere Synonyme.
- Streiche überflüssige Adjektive und Adverbien.

Einen gesprochenen Text verstehen

Listening Comprehension

1 Vor dem ersten Hören

- Aufgabenstellung erfassen
- Vorwissen aktivieren

2 Erster Hördurchgang

- *Listening for gist*
- Erste Aufgabe bearbeiten

3 Zweiter Hördurchgang

- *Listening for detail*
- Notizen machen

4 Nach dem Zuhören

- Notizen vervollständigen
- Antworten vervollständigen

1 Vor dem ersten Hören

Aufgaben zum Hörverstehen verlangen von dir, das Gehörte sprachlich zu verstehen, inhaltlich zu erfassen und zusätzliche Informationen zu verarbeiten, die sich aus dem Sprechtempo, der Stimmlage oder der Sprachanwendung schließen lassen.

Aufgabenstellung erfassen

Damit du weißt, was auf dich zukommt, lies dir vor dem Zuhören zunächst die Aufgabenstellung gut durch und bereite dich mit folgenden ***pre-listening activities*** auf das Zuhören vor:

- Finde heraus, worauf du beim Zuhören genau achten sollst.
- Gibt es Gegenstände oder Personen, nach denen gefragt wird? Unterstreiche sie in der Arbeitsanweisung, um beim Zuhören besser auf sie achten zu können. Lege dir evtl. eine Tabelle an, in der du Informationen ordnen und sammeln kannst.
- Nutze Informationen wie Bilder, Überschriften oder eine Situationsbeschreibung, die der Arbeitsanweisung beigefügt sind, um dich über das Thema, Namen oder Details der Sprechenden zu erkundigen.
- Stelle dich auf mögliche Nebengeräusche ein. Sie können dir später bei der Bewertung des Gesagten oder der Situation nützlich sein.
- Lege dir Papier und Stift für Notizen bereit.

Vorwissen aktivieren

Das Thema, Angaben zu den Sprechenden, evtl. in der Aufgabe beigefügte Bilder oder Beschreibungen geben dir Hinweise, was du von dem Gehörten erwarten kannst. Überlege, auf welche Inhalte du dich einstellen kannst und was du über das entsprechende Thema weißt.

2 Erster Hördurchgang

Listening for gist

Hörtexte werden in der Regel zweimal präsentiert. Beim ersten Zuhören entnimmst du – ähnlich wie beim überfliegenden Lesen (*skimming*) – die wesentlichen Informationen. Diese Hörtechnik heißt *listening for gist*. Lass dich nicht durch unbekannte Wörter verunsichern. Sie werden meist beim zweiten Zuhören aus dem Zusammenhang verständlich. Erfasse die zentralen Aussagen des Audiotextes und verschaffe dir einen **Überblick über die Kerninhalte:**

- Wer spricht? (*Who is talking?*)
- Worum geht es im Text? (*What is the text / the dialogue about?*)
- Wo findet das Gespräch statt? (*Where does the conversation take place?*) Achte auf Hintergrundgeräusche.

Erste Aufgabe bearbeiten

Bearbeite anschließend ggf. schon die Aufgaben, bei denen du dir ganz sicher bist:

- Arbeite zügig und effektiv. Weißt du eine Antwort nicht sofort, gehe zur nächsten Aufgabe über.
- Markiere Antworten, bei denen du dir nicht sicher bist; darauf kannst du dich beim zweiten Hören konzentrieren.

3 Zweiter Hördurchgang

Listening for detail

Beim zweiten Hören geht es darum, auf Einzelheiten zu achten, nach denen in der Aufgabenstellung gefragt wird. Du wendest die Hörtechnik *listening for detail* an.
Behalte dabei immer die Aufgabenstellung im Blick, konzentriere dich auf das Verstehen von Einzelheiten.

Notizen machen

Mache dir beim zweiten Hördurchgang sinnvoll Notizen *(take notes)*, um das Verstandene stichpunktartig festzuhalten.

WISSEN **Notizen machen**

- Notiere nur Stichwörter.
- Versuche nicht, jedes gesprochene Wort mitzuschreiben.
- Lass dich nicht von Einzelheiten ablenken, die nichts mit der Aufgabenstellung zu tun haben.
- Trage Stichwörter ggf. in deine vorbereitete Tabelle ein.
- Benutze Abkürzungen und Symbole, um schnell zu notieren.
- Notiere Anfangsbuchstaben anstatt vollständige Namen.

4 Nach dem Zuhören

Notizen vervollständigen

Nach dem Zuhören hast du Zeit, deine Notizen zu vervollständigen und alles aufzuschreiben, an das du dich noch erinnern kannst.
Lies deine Aufzeichnungen. Manche Unklarheiten werden sich nun auflösen und du kannst die Betrachtung der Einzelheiten und die Verständnislücken im Kontext sinnvoll schließen.

Antworten vervollständigen

Überprüfe noch einmal die Aufgabenstellung und formuliere oder vervollständige deine Antworten.

- Konzentriere dich auf Lücken und unbearbeitete Teilaufgaben.
- Versuche, alle Teilaufgaben zu vervollständigen.
- Überprüfe deine Antworten noch einmal und verbessere gegebenenfalls.
- Manchmal sollst du die Notizen benutzen, um einen eignen Text über das Gehörte zu verfassen.

Lösungen

GEDICHTINTERPRETATION

AUFGABE 1

The poem is concerned with eternal beauty, the beauty of the person addressed by the lyrical I. It does not become fully evident whether the situation underlying the poem is a conversation between two people or whether it is a moment of solitary reflection expressed in an internal monologue. The lyrical I adores the person he has in mind; the relationship suggested between them might be that of a lover and the beautiful woman he has fallen in love with.

AUFGABE 2

In the first quatrain, the sonnet opens with a rhetorical question which serves a double function: it invites the reader to follow the speaker's train of thought and it presents the guiding idea of the poem. The initial question introduces the comparison of the beautiful person to "a summer's day"; this is the thesis laid open to discussion in the poem.
The speaker's immediate response in the first quatrain is to reject the thesis. The person's outward beauty ("more lovely") and inward even-mindedness ("more temperate") form a lasting harmony, which "a summer's day" will never be able to match. Its beauty is likely to be upset by "rough winds" and even the whole season of summer tends to be short.
The second quatrain contains further examples revealing the short-lived beauty of summer. There is no guarantee of a clear summer sky ("often is his gold complexion dimmed") and the heat of the sun may be harmful to nature ("Sometimes too hot the eye of heaven shines"). In lines 7 to 8, the speaker arrives at the general conclusion that everything is bound to change and decline, either due to an untimely event of "change" or due to the course of nature.
This conclusion contrasts sharply with the idea suggested in the third quatrain, which forms the turning point of the poem; the speaker claims that unlike summer's beauty, the height of a person's beauty can be immortalized in some way by describing it in "eternal lines". In the final couplet the lyrical I affirms that lines written and poems are able to overcome the transitory nature of earthly things.

AUFGABE 3

The poem is a sonnet which falls into three quatrains and a rhyming couplet at the end. It has iambic pentameter lines with alternating rhyme. The line of argument corresponds to the structure through the rhyme scheme of the poem.

AUFGABE 4

The most striking stylistic devices used in this sonnet are comparison and contrast, sentence structure, repetition, metaphor and personification.
The comparison which runs throughout the poem is that of a person's beauty to a "summer's day". Although the speaker rejects many characteristics associated with summer in the first two quatrains, we may conclude that the season of "summer" has been intentionally chosen to signify maturity of character and the ripeness of the person's outward beauty.
In line 9, the idea of summer representing a period in one's life is extended to the metaphor of "Thy eternal summer" that can be kept alive in poetry, thus giving coherence to the poem.
The contrast between brevity and eternity is established around the theme of time. It is first introduced in the contract-metaphor of line 4: a contract ("lease") stands for the duration of summer's stay. Just as summer is bound to be followed by autumn, the terms of a contract are bound to run out after a fixed period of time. Lines 5 and 6 display a personification of the summer sky; the atmosphere surrounding earth is given features of human beauty, so as to continue the theme of beauty. The theme of time is resumed in lines 7 and 8, which allude to the decline and loss of beauty that accompany old age. The participle "untrimmed", meaning "being robbed of one's ornament or beautiful features", is an example of the clothes-imagery frequently used in Shakespearean times.
The third quatrain turns towards time's aspect of eternity. It is symbolized by the repetition of the adjective "eternal". The introductory "But" and the syntactical parallelism of lines 10 to 11 underline the speaker's determination to overcome the restrictions of time.

"Death", personified in line 11, will be given no power over the addressed person's life. Instead, his or her beauty will stay alive and develop as the poem is read by a changing audience (line 12).
In the third quatrain, the alternating rhyme underlines the contrast between the word pairs "fade/shade" and "owest/growest", which are related to the conflicting ideas of the poem.
The concluding couplet forms the climax of the sonnet. It expresses in hyperbole, emphasized by syntactical parallelism, the poet's firm belief that eternal life will be given to beauty if it is put into the form of a poem. The different rhythm used in the couplet adds further emphasis to the final statement.
On the whole, the sonnet is built on the paradox that unlike natural beauty, beauty in poetry is free from change and decay.

DRAMENANALYSE

AUFGABE 1

In this monologue of Macbeth III, 2, Macbeth talks to his wife about his intentions. By murdering King Duncan Macbeth has become King of Scotland. Remembering the part of the witches' prophecy which proclaimed Banquo the father of future kings, Macbeth's suspicions are roused. Without letting his wife in on his plans he has arranged for having Banquo murdered as well.

AUFGABE 2

Macbeth's monologue has got a frame-work structure. At the beginning and at the end (ll. 1–2, ll. 10–12) Macbeth directly addresses his wife. The main part consists of an invocation of Night and a description of nightfall.
The topic of this monologue is the concealment of guilt. Here Macbeth informs his wife that he will not let her know about his plans before they have been carried out. Carrying on with this topic, he mentions Night's darkness which will conceal the evil deed he has planned. He talks about the approaching night which makes the "good things of day" go to rest whereas the wicked beings of the night come to life.

AUFGABE 3

Macbeth's monologue marks a shift of positions in the relationship between Macbeth and his wife. Whereas in act I Lady Macbeth played the dominant part, it is Macbeth who takes initiative in murdering Banquo. From now Lady Macbeth's tendency of being troubled by guilt will increase, and she ends being Macbeth's match in ambition. As for dramatic purposes, the monologue's middle part serves to create the atmosphere for scene 3, where the hired murderers will meet Banquo.

AUFGABE 4

The way Macbeth addresses his wife ("dearest chuck") reveals that theirs is a very strong relationship full of tenderness. Macbeth seems to be concerned about his wife, so his intention is to save her from new guilt ("be innocent of the knowledge"). He responds to her confusion (l. 10) by reassuring her and cheering her up (l. 11).
Although he appears to be powerful to his wife, he still is in need of support himself. So he invokes Night to assist him in covering ("seeling", "Scarf up") his deeds from daylight. In order to express these ideas, Shakespeare uses a personification of night and day (ll. 2–6). Metaphors used to illustrate Macbeth's crime are the cloak metaphor ("Scarf up") and the "bond" which stands for Banquo's life. As taking Banquo's life away makes him turn "pale" Macbeth still seems to feel scruples about killing Banquo. So instead of killing Banquo himself, he wants Night to destroy the "bond" "with thy […] hand", which will release him of all responsibility. To increase the urgency of his plea, Macbeth enforces "cancel" by adding the paraphrase "and tear to pieces".
The middle part of the monologue establishes a contrast between innocence ("innocent", "tender", "pitiful", "Good things of day") and evil ("black agents") which is underlined by the contrasts of day and night, light and darkness. Thus Macbeth's speech reflects the Great Chain of Being the Elizabethans believed in.

INTERPRETATION EINES EPISCHEN TEXTES

AUFGABE 1

The text is a slightly elaborated anecdote, and therefore can be called short short story. The features of a short short story are the abrupt opening, few characters, a plot that develops a conflict and reaches a climax. This short short story shows a surprise ending.

AUFGABE 2

Kurosaka's story is set in a laboratory of sorts (Materializer project, bank of dials and switches) somewhere in the USA ("a bottle of Schlitz", l. 11; "Ten-dollar bill", l. 5). The time could be the present or the near future.

AUFGABE 3

The author uses ***description*** *("Ned Quinn stood back, wiped his hands, and admired ...", ll. 2–3),* ***report*** *("several years and many fortunes had gone into his project", l. 3) and* ***scenic presentation*** *"'Martini', he said. ... 'A bottle of Schlitz', he said", ll. 8, 11) to present the plot.*

AUFGABE 4

Ned Quinn seems to be a scientist who invented the Materializer. In the short story he is presented as a humourous character. The humour arises from his actions and from what he says. Ned is funny in what he does. For one thing, the way of tampering with the Materializer appears funny. For another, the wishes he makes produce a comical effect. When his wish for a girl is fulfilled and the girl that appears is but an eight-year old child with braces and pigtails, the reader cannot refrain from laughing because the situation is both funny and ironic: when wishing for a girl Ned had another "materialization" in mind than the one in front of him.
The profanity ("Hell") that he utters is misunderstood by the Materializer which takes Ned's exclamation for a wish. This creates a humorous effect. The humour persists when Ned winds up in hell and the firemen find his charred remains. But it has gone absolutely black, black as Ned's charred remains.

AUFGABE 5

Conflict: *Ned turns the switch to "on" and "orders" several items (a ten-dollar bill, a Martini, a bottle of Schlitz) which are promptly delivered. It is only after ordering "girl" that things start to develop in a way Ned has not expected. Having failed to point out specifications such as clothing or age Ned finds himself confronted with a "result" that is out of step with his expectations: an eight-year-old girl with braces and pigtails is standing in front of him. This is the critical moment, or conflict, which leads directly to the resolution or catastrophe.*
Resolution or catastrophe: *Ned, frustrated at his failure, utters the word "Hell" (l. 21), which the Materializer promptly interprets as his wish. Consequently, Ned winds up in hell. The story ends with a punchline: firemen find Ned's charred bones in the rubble.*
Effect: *This story contains a typical example of black humour: it disturbs us rather than arouses amusement. It discovers cause for laughter in what is generally regarded as a subject too serious for frivolity, the death of a man.*

SACHTEXTANALYSE

AUFGABE 1

The title and the date the speech was given inform the reader about the reason for the speech. It is the President's immediate response to the terrorist attack on the World Trade Center in 2001.

AUFGABE 2

After referring to what has happened President Bush talks about what he considers to be the intended effect ("frighten our nation into chaos and retreat" l. 3) and the motive ("because we're the brightest beacon ... world" ll. 8–9) of the terrorist attack. He points out that the terrorists have "failed" to intimidate the US (l. 4). In the last paragraph he states the nation's undiminished determination to promote the cause of "freedom".

AUFGABE 3

By speaking in the first person plural President Bush makes the audience feel involved. When he says that the pictures of that day "filled us with disbelief ... and anger" (l. 2) he signalizes to the audience that he is sharing their feelings, that he is one of them.
President Bush uses a simple style which is appropriate in the face of the catastrophe. At the same time he addresses the audience in an emotional way. Expressions like "our country", "our nation" (ll. 3–4) and "all Americans from every walk of life unite" (l. 10) indicate his intention of uniting the nation. Metaphors ("foundation of America", "steel of American resolve", ll. 6–7) remind the listeners that the US has always been a powerful country. The "light" metaphor ("light from shining", "brightest beacon", ll. 8–9) implies that American values are what the nation can rely on and what gives orientation to the world.

AUFGABE 4

President Bush's intention is manifold. First of all he wants to assuage the citizens' fears and re-assure them in the face of a national crisis. For this purpose he tries to restore the nation's self-confidence and lift it up. His second intention is to fill the people with the spirit of community. Having achieved this he is able to motivate and encourage the audience not to give in to the threat of terrorism but to go on defending "freedom".

BILD UND CARTOON ANALYSIEREN

AUFGABE 1

The photo "Kissing Sailor" by Alfred Eisenstaedt was taken on 2nd September 1945, when World War II came to an end for the United States.
It is a snapshot which shows a sailor kissing a nurse in Times Square, New York City. It has been published in well-known American magazines.
The kissing sailor and the nurse can be seen in the middle of the photo. Some other people are standing or passing by behind them.
The people in the background are smiling, some of them are watching the kissing couple. They are moving casually in a place which is normally busy with traffic.
The young sailor is wearing a dark sailor's uniform and a white cap. The pretty young woman in front of him is completely dressed in white. The sailor is holding her in his arms and she is leaning backwards while he is bending down to kiss her.

AUFGABE 2

The photo shows a scene of a special day, a day of celebration. Instead of cars, the streets are crowded with people, who have just heard of the end of the war. They are laughing and hugging each other. The photo expresses all the joy the people felt at the war being finally over. The pretty young woman in her white dress stands for beauty and peace. The young sailor gives peace a kiss of welcome.

AUFGABE 3

I like the photo, because the sailor's movement is full of energy and spontaneous joy. You can see that he wants to share his happiness with somebody else. As the young woman just happens to pass by, she is the one to be hugged and kissed.

CREATIVE WRITING

AUFGABE 1

The 9/11 TV Address is President George W. Bush's immediate response to the terrorist attack on the World Trade Center in 2001.

AUFGABE 2

Topic:
- *coping with the death of a family member*
- *violence breeds more violence*
- *feelings of guilt*

Situation:
- *hearing the news of a person's death.*
- *telling someone about the experience after many years*

Perspective:
- *a grown-up's perspective (the victim's husband or wife)*
- *a child's version of the events: the victim's son or daughter tells the story*
- *a person who is not directly involved meets the victim's wife, husband or child a long time after the attack, e.g. after ten years, and listens to the person's experiences. So you will be able to show the long-term effects a death in the family has on those who survived*

Initial sentence:
- *Valerie was the least likely person to meet in a hotel bar.*
- *They were very patient with me.*
- *The morning of the 11th September was full of promise to Valerie.*

Setting:
- ***place:** a bridge or a station (stand for a new stage of life), a river (stands for life), a cemetery (stands for death), a hospital (stands for illness and suffering)*
- ***atmosphere:** sunny weather, bright colours and cheerful sounds create a pleasant atmosphere; dim light and rain, fog or snow are likely to produce a sad, mournful atmosphere. Darkness and thunder are associated with fear.*
- ***symbolic objects:** a candle (symbol of understanding), a photograph (symbol of memories), a flower (symbol of love and respect).*

Title:
- *Into Darkness*
- *After Ten Years*
- *Loss*

ARGUMENTATIVE ESSAY

AUFGABE 1

Globalization is one of the most significant contemporary developments as it is a process that has spread around the world. Globalization is based on the creation of strategies by international organizations that are aimed at overseas expansion. It can be defined as a "comprehensive term for the emergence of a global society in which economic, political, environmental, and cultural events in one part of the world quickly come to have significance for people in other parts of the world". Globalization is seen as "the result of advances in communication, transportation, and information technologies".

AUFGABE 2

The pros of globalization:

- *Among the most important positive consequences is the increasing economic growth.*
- *Furthermore, it has helped to achieve a higher range of available products.*
- *The free flow of capital makes sure that capital is allocated more efficiently, and it results in the opening up of additional markets.*
- *For these reasons, consumers benefit from a greater freedom of choice and cheaper products.*
- *Therefore, the emerging competitive system is regarded as superior.*
- *Some people also favour the intermingling of different cultures, because they see the increase in shared cultural values as advantageous.*
- *Supporters of globalization also think that it represents a chance for development and rising living standards in Third World countries (e. g. improvement of the infrastructure).*
- *Besides, they argue that the improved systems of communication and transport are an advantage for people around the globe.*

The cons of globalization

- *Opponents of globalization point out that it creates more economic and social inequality and even leads to greater poverty and social conflict.*
- *Besides, ordinary people have very little influence on the process of globalization.*
- *This means that some people are totally excluded from the development, mainly those from developing countries and in particular from rural areas.*
- *For this reason, globalization is sometimes even seen as a clash of cultures.*
- *Opponents also claim that economic interests and developments are at the centre of globalization while topics like human rights or democracy only play a minor role.*
- *According to the opponents of globalization, ecological problems have increased tremendously in the course of this development.*
- *Furthermore, it is feared that globalization will result in the loss of jobs and lower wages in the richer countries.*
- *In addition to that, people do not have the time to understand everything that is going on as things are changing so fast.*
- *In contrast to the supporters of globalization, some people see the intermingling of cultures as a disadvantage because it sometimes leads to the loss of identity or racial and religious conflicts.*
- *Last, but not least, the increased pace of the Internet and other technologies has also increased the pressure to remain competitive.*

ÜBERSETZUNG

AUFGABE 1

The text is about racial segregation in the US and the poverty of the black people.

AUFGABE 2

impassioned (l. 1), complacency and an appalling game of fingerpointing (l. 8/9), commitment (l. 11), electoral victories (l. 12)

AUFGABE 3

impassioned (l. 1): kann über das Nomen *passion* erschlossen werden.
complacency and an appalling game of fingerpointing (l. 9): ein idiomatischer Ausdruck. *Complacency* ist schwer zu erschließen. Hier hilft ein einsprachiges Wörterbuch mit der Erklärung *self-satisfaction*. Die Bedeutung von *a game of fingerpointing* kann zwar aus dem Zusammenhang erschlossen werden, trotzdem ist es nicht einfach, eine deutsche Entsprechung zu finden; hier ist es sinnvoll, sich völlig von der wörtlichen Bedeutung des Originals zu „befreien".
commitment (l. 11): Die Grundbedeutung kann über das Verb *to commit* erschlossen werden. Es ist allerdings nicht einfach, eine passende deutsche Entsprechung zu finden.
electoral victories (l. 12): Erschließung über *election*.

AUFGABE 4

Der Titel ***"Why We Can't Wait" (l. 1)*** könnte so stehen bleiben, wenn es ein in Deutschland bekannter Essay wäre. Da dies nicht der Fall ist, sollte der Titel des Essays übersetzt werden.
mission (l. 3) sollte übersetzt werden, da es für „Mission" eine gängige deutsche Entsprechung („Auftrag") gibt.
broader social and economic change (l. 3) kann auf verschiedene Weise übersetzt werden. Denkbar ist statt „sozial" auch „gesellschaftlich" und statt „Veränderungen" auch „Wandel". „Sozioökonomischer Wandel" wäre unangemessene Fachsprache.
Während ***culture of poverty (l. 3)*** wörtlich übersetzt werden kann, passt die übliche Übersetzung von separate als „geteilt/getrennt" hier nicht.
half-educated Negro (l. 4): Die Wahl des Wortes *Negro* scheint ungewöhnlich; jedoch nur aus heutiger Sicht. Da der Essay über 40 Jahre alt ist und der Autor diesen Begriff wählte, ist das Wort auch im Deutschen zu verwenden. *Half-educated* kann auch wörtlich als „halbgebildet" übersetzt werden.
economic depression (l. 4): Auch „wirtschaftliche Depression" ist möglich.
has ... been lost (ll. 7–8): Am besten Präsens.
agony of the underclass (l. 9–10): Für das Fremdwort „Agonie" gibt es eine deutsche Entsprechung. Der Begriff *underclass* ist im Englischen recht gebräuchlich und kann mit „Unterschicht" übersetzt werden.
everyone's (l. 11): Wichtig für den Zusammenhang: „eines jeden, jedes Einzelnen" (nicht: „aller").
when he came to office (l. 13): Hier handelt es sich um eine sprachliche „Falle". Eine wörtliche Übersetzung führt in die Irre. Allerdings kann die Bedeutung aus dem Kontext heraus erschlossen werden: Dem Wahlsieg folgt der Amtsantritt.

AUFGABE 5

Der verlorene Kampf gegen die Armut
1963 veröffentlichte Martin Luther King einen leidenschaftlichen Aufsatz mit dem Titel „Warum wir nicht warten können". Das Thema war die Rassentrennung, aber schon zu diesem frühen Zeitpunkt verstand King, dass sein eigentlicher Auftrag eine weiter gehende soziale und wirtschaftliche Veränderung war. Er sagte: „In jener eigenständigen Kultur der Armut, in der der wenig gebildete Neger lebt, wütet heute eine wirtschaftliche Krise." Es war King klar, dass die Lösung dieses Problems schwierig sein würde.
Zwanzig Jahre nach seinem Tod haben Millionen schwarze und weiße Amerikaner das Warten aufgegeben. Der Kampf gegen die Armut – ein Ziel der Bürgerrechtsbewegung – ist fast verloren. Schlimmer noch – die moralische Kraft, den Kampf weiterzuführen, ist durch Selbstzufriedenheit und ein widerwärtiges Spiel gegenseitiger Schuldzuweisung geschwächt worden. Jahr für Jahr ist das Leiden der Unterschicht als das Problem der Schwarzen, das Problem der Regierung angesehen worden, nicht aber als das Problem jedes Einzelnen.
Der lange Weg zurück zu engagiertem Handeln wird nicht leicht sein. Ronald Reagan, der seine beiden Wahlsiege fast ausschließlich weißen Wählern verdankte, war entschlossen, das Problem nicht anzugehen, als er sein Amt antrat.